AF592065

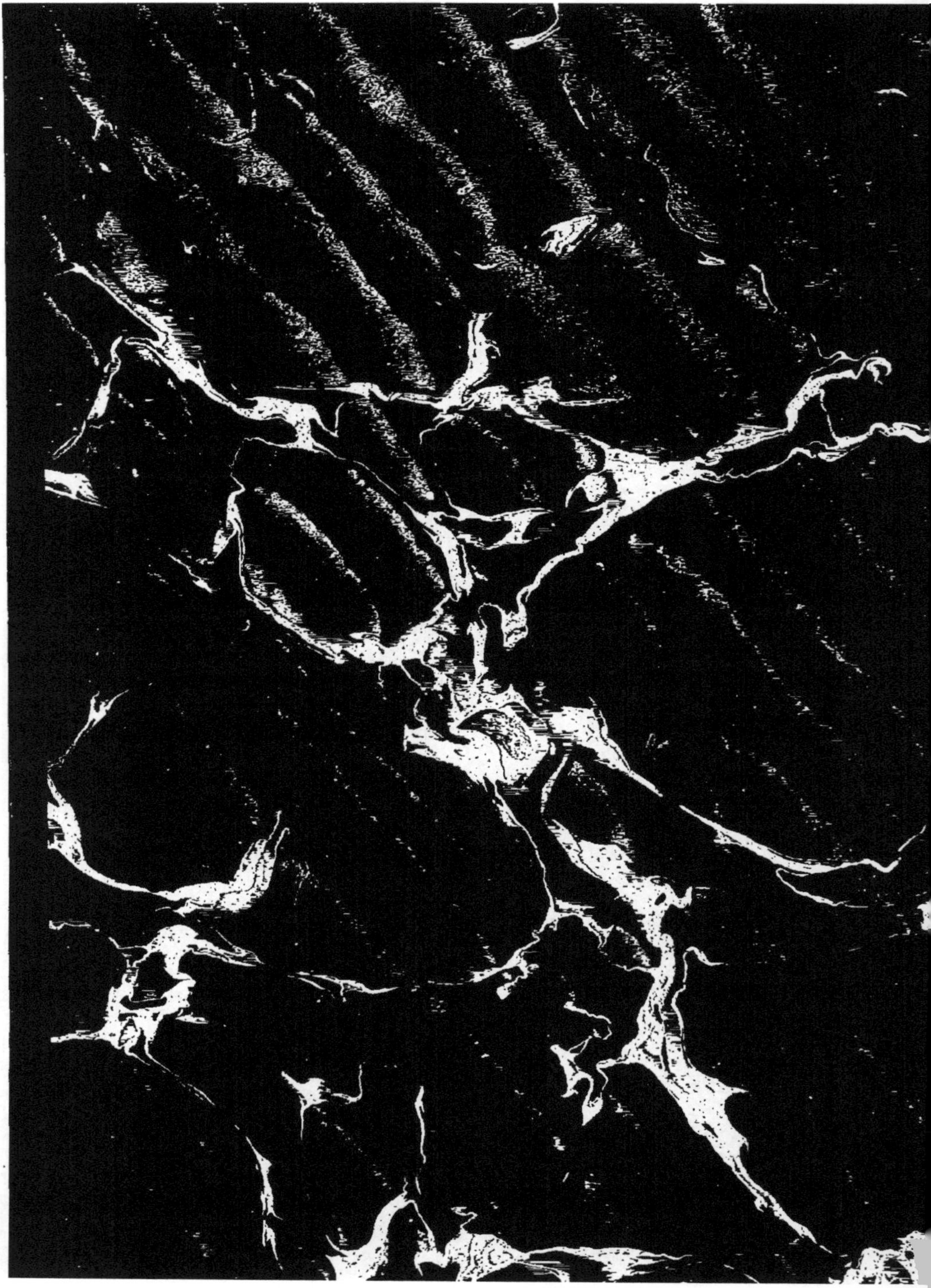

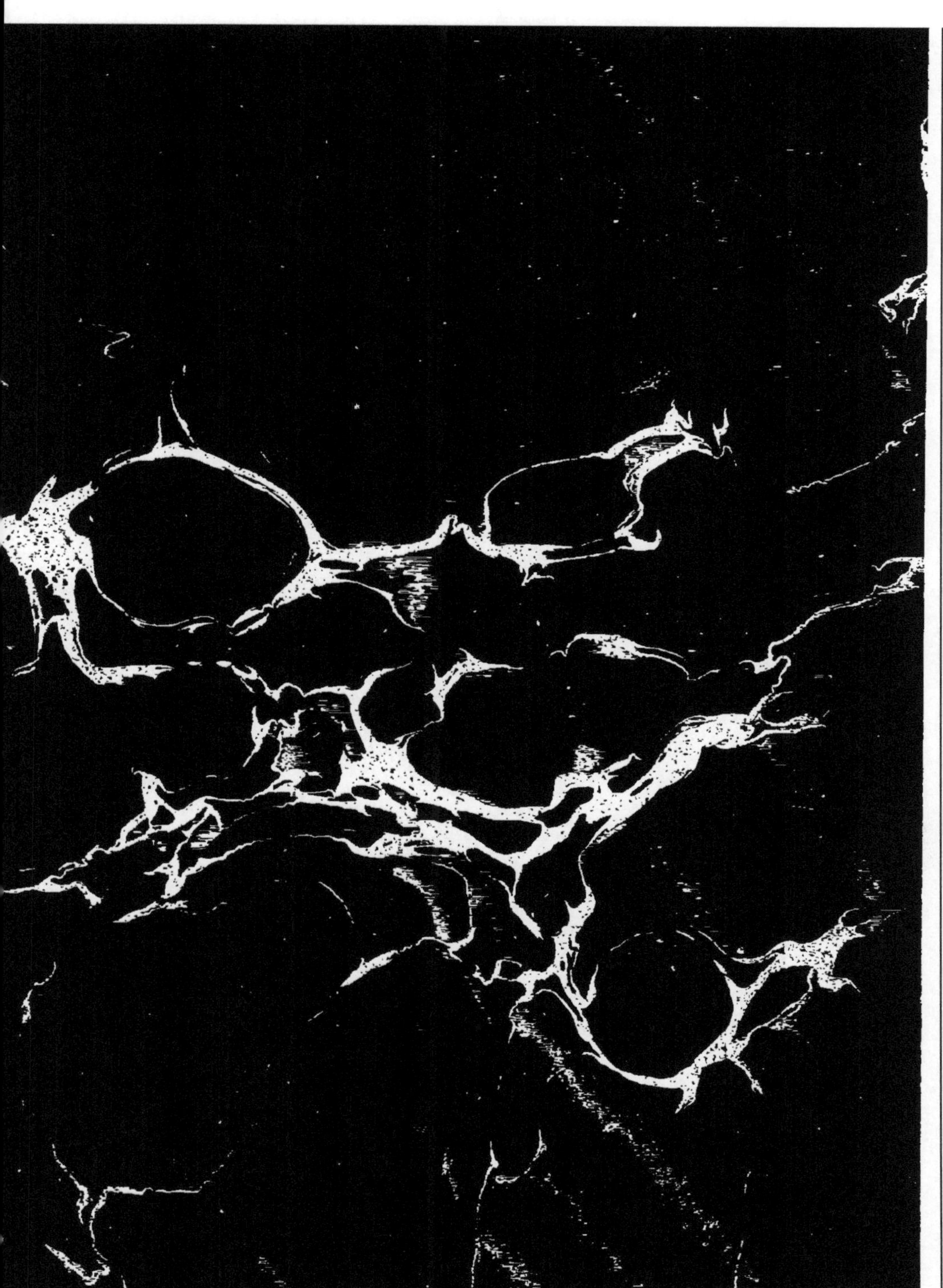

1086

DE LA

DETTE PUBLIQUE

ET

DES FINANCES

DE LA MONARCHIE ESPAGNOLE.

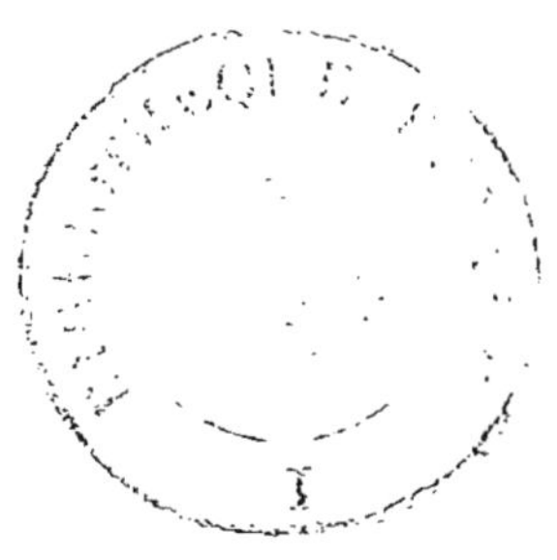

Paris. — Imp. de Félix Locquin, rue N.-D.-des-Victoires, n. 16.

DE LA
DETTE PUBLIQUE
ET
DES FINANCES
DE LA MONARCHIE ESPAGNOLE,

Par A. Borrego.

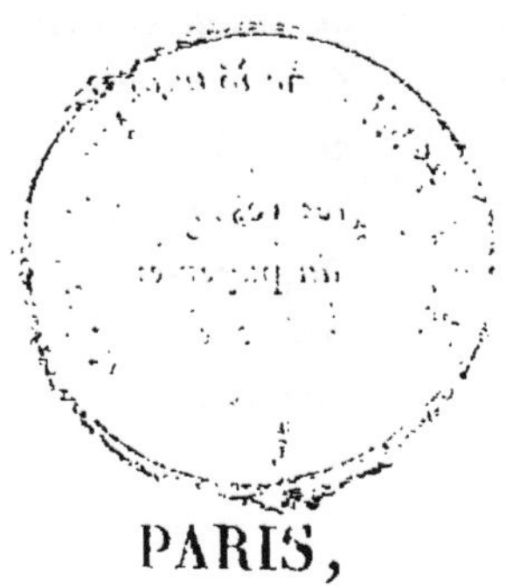

PARIS,

PAULIN, LIBRAIRE-ÉDITEUR,

PLACE DE LA BOURSE, N° 31.

1834

ERRATA.

La précipitation avec laquelle ce volume a été imprimé a donné lieu à quelques incorrections qu'il faut corriger de la manière suivante :

Pages :	*Lignes :*	*Au lieu de :*	*Lisez :*
12	19	production	la production.
16	2	*commune*	couronne.
22	24	*se* baissèrent	baissèrent.
25	17	*et* publiée	publiée.
35	1	*pour* couvrir	à couvrir.
»	17	celle	celles.
70	23	de *nouvelle* confiance	de confiance.
80	38	*fonctionnaires*	fournitures.
81	22	*annuelle*	actuelle.
103	20	*les* ressources	des ressources.
126	7	*du* payement	de payement.
140	20	*crédit*	discrédit.
192	2	*concession*	conception.

AVANT-PROPOS.

Des nombreux documens qu'il a fallu consulter pour la rédaction de cet ouvrage plusieurs ont été puisés dans les rapports des comités, ainsi que dans les procès-verbaux des cortès tenues à Cadix et à Madrid aux deux époques du gouvernement constitutionnel.

Quelques rares écrits d'un petit nombre d'administrateurs zélés dont nous nous sommes fait un scrupuleux devoir de mentionner les noms, nous ont aussi fourni des renseignemens utiles.

Nous aimons entre autres à reconnaître plus spécialement les secours dont nous a été la vaste collection de documens réunis par les soins de M. Canga-Arguelles, ancien ministre des finances.

Le progrès des études sur l'Espagne moderne rencontre un insurmontable obstacle dans la difficulté d'arriver à la possession des données assez complètes pour qu'elles permettent d'atteindre à une exacte appréciation des faits.

Le désavantage de cette situation mérite

les égards de la critique. Dans l'éloignement où nous nous sommes trouvés des sources officielles on devra nous tenir compte des obstacles contre lesquels il nous a fallu lutter pour rassembler les élémens de la connaissance propre à éclairer une situation aussi compliquée que celle des finances espagnoles.

Excuté à Madrid avec les facilités que doit procurer la faveur du pouvoir et le libre accès aux administrations publiques, le travail que nous avons entrepris ne comptant que sur nos propres forces, aurait probablement exigé autant de mois qu'il nous a coûté de jours.

Cette dernière circonstance servira d'excuse à la négligence de style dont se ressent une publication hâtive.

Nonobstant ces désavantages, nous avons conscience d'avoir produit une œuvre à laquelle il serait peut-être injuste de refuser le caractère de l'utilité, du moment qu'aucun travail plus complet et surtout plus méthodique n'existe sur la matière que nous avons traitée.

Paris, le 1er août 1854.

DE LA

DETTE PUBLIQUE

ET

DES FINANCES

DE LA MONARCHIE ESPAGNOLE.

CHAPITRE PREMIER.

OBJET DE CETTE PUBLICATION.

Depuis que Mirabeau, sorti du donjon de Vincennes, signalait son entrée dans le champ des discussions politiques en écrivant des brochures sur les opérations auxquelles la banque de St.-Charles de Madrid se livrait avec succès à la

Bourse de Paris, toutes les fois que les fonds publics espagnols ont été mis en circulation dans les marchés d'Europe, l'esprit des hommes de finances en a été fortement préoccupé, en même temps que des capitaux considérables se sont portés sur ces valeurs.

Deux causes principales ont contribué à les rendre l'objet de cette faveur.

La première doit être attribuée à la renommée d'opulence attachée au peuple, qui, possesseur des plus riches colonies du monde, était le distributeur de l'or et de l'argent, signes considérés, jusqu'aux économistes modernes, comme la seule mesure de la fortune publique.

La seconde se lie aux idées de loyauté d'honneur et de bonne foi que le suffrage universel a attribuées à une nation dont l'histoire consacre la sévère probité et le respect inviolable de ses engagemens.

L'aveuglement de l'esprit de parti, l'animosité et la prévention qui, dans les temps de discordes civiles, entraînent si aisément le pouvoir, portèrent le gouvernement réactionnaire imposé à l'Espagne par l'intervention armée de

LouisXVIII, à compromettre le crédit national, en méconnaissant les obligations contractées par le gouvernement qui l'avait précédé. Pareille violation de la foi publique, œuvre exclusive du parti rétrograde et persécuteur qui arracha violemment l'Espagne des voies de civilisation où elle était entrée, n'a jamais été imputée par ses créanciers à la loyauté du pays. Aujourd'hui plus que jamais ils attendent avec confiance la réparation que leur doivent les mandataires de la nation, à la moralité de laquelle ils confièrent leurs épargnes.

Toutefois, il est de fait que dans l'état de confusion et de désordre où des guerres désastreuses, des grandes calamités historiques, et le démembrement de la monarchie amené par la séparation des colonies, ont conduit les finances de l'Espagne, on n'a que des idées imparfaites sur ses revenus, son industrie, son commerce, sur l'hypothèque enfin sur laquelle repose l'énorme dette léguée par quarante ans de mauvais gouvernement.

La situation économique de l'Espagne étant généralement méconnue, les élémens de production qu'elle renferme, ignorés ou faussement représentés, l'intérêt particulier en profite pour exagérer ou déprimer le crédit du pays au gré de ses étroites combinaisons. Lorsqu'il y a quatorze ans l'Espagne entrant dans la voie d'une révolution nationale, eut recours au crédit pour consolider son gouvernement naissant, une juste confiance s'attacha aux emprunts négociés en son nom en Angleterre et en France. Personne ne mit à cette époque en doute la suffisance des ressources que possédait l'Espagne pour faire face à ses obligations. Le mauvais vouloir de l'Europe, l'intervention armée de la France, renversèrent le gouvernement constitutionnel, mais le refus fait par le gouvernement royal de reconnaître les emprunts des cortès fut un acte de violence qui en lui-même ne put détruire les conditions de crédit, ni porter atteinte à la solvabilité du pays au nom duquel ses emprunts furent contractés.

Cependant le même gouvernement qui sapait les bases du crédit national en faisant banqueroute à des créanciers légitimes, eut besoin lui-même de puiser des ressources à l'étranger et essaya de se créer un crédit exceptionnel, favorisant une classe privilégiée de prêteurs, au détriment de la généralité de ses créanciers.

Un grand scandale fut alors donné au monde.

D'un côté, les agens du gouvernement espagnol intéressés au succès des opérations par eux entreprises au nom de la royauté restaurée, portèrent aux nues la prospérité et les ressources du pays. De l'autre, les capitalistes qui se trouvaient lésés par la non-reconnaissance des emprunts des cortès, les banquiers exclus du bénéfice des opérations conduites par un habile adversaire se récriaient contre l'immoralité du gouvernement Espagnol, décriaient l'insolvabilité, la pénurie et la misère d'un pays proclamé en dehors de la civilisation européenne, et réputé incapable de suffire par ses propres ressources aux dépenses de son établissement.

Rien cependant n'avait été changé à la condition politique et économique de ce même pays, que déjà le discrédit dont les hommes de finances frappèrent les fonds espagnols pendant plusieurs années, avait fait place d'abord à l'indifférence, plus tard à une prédilection marqué à leur égard. Ce phénomène a pu être observé par quiconque a suivi les fluctuations de la politique financière. Pendant les années 1824-25-26-27-28-29, l'Espagne a été proclamée ruinée et comme insolvable. Depuis 1830, l'anathème lancé contre elle, anathème qu'on aurait dû croire subsistant tant que subsistaient les motifs sur lesquels il avait été porté, s'est progressivement affaibli, et semble aujourd'hui complétement abjuré par ceux-là même qui en furent les plus ardens propagateurs.

Ces changemens contradictoires et brusques sont-ils la conséquence logique des vicissitudes éprouvées par le pays? Découlent-ils rationnellement de l'altération réelle subie par son état intérieur?

Y a-t-il lieu à décrier la situation économique de l'Espagne jusqu'au point où elle l'a été? L'état de ses finances justifie-t-il qu'on l'ait déclarée insolvable?

D'un autre côté, ce pays peut-il adopter, relativement à sa dette, tant intérieure qu'extérieure, le même système de crédit public suivi par les autres puissances et nommément par l'Angleterre et la France? Finalement les conditions financières où il se trouve placé sont-elles semblables à celles où il se trouvait sous le gouvernement constitutionnel? et conséquemment la dette publique espagnole offre-t-elle les mêmes garanties qu'elle présentait en 1820?

Voilà les questions qu'il est nécessaire d'éclaircir pour arriver à se former des idées claires, arrêtées, précises, sur la véritable valeur financière des fonds publics espagnols.

Dans l'absence d'une étude impartiale complète de la situation économique de l'Espagne, le degré de confiance ou de défaveur alternativement attaché à son crédit, demeure livré aux suggestions intéressées des spéculateurs à qui l'ignorance ou la crédulité du public permettent chaque jour de persuader, tantôt que le pays est en mesure de reconnaître la totalité de sa dette et d'en servir couramment les intérêts, tantôt que la politique et l'intérêt lui commandent une honteuse et déplorable banqueroute.

Il y a au-dessus de la volonté des hommes une considération qui décide de la destinée des choses humaines : c'est l'appréciation des faits et des circonstances qui constituent la nature de l'objet sur lequel s'exerce notre jugement.

Cette appréciation ne saurait être faite en dehors de la connaissance des élémens de la matière soumise à l'examen. C'est la méthode expérimentale qui, depuis Bacon, fait la seule base de raisonnement et de certitude qui puisse être appliquée aux opérations de l'esprit.

Autant donc, pour faire cesser la cause d'inexactitude et d'erreur qui obscurcit l'état financier de l'Espagne, que pour donner au crédit de ce pays à l'étranger d'autres bases que les combinaisons d'intérêt privé qui chaque jour lui portent des secousses violentes, nous publions cet écrit, où sont traitées les questions fondamentales dont la solution doit servir de base pour arriver à la connaissance de l'importance de la dette publique espagnole, déterminer l'origine et la légitimité des différentes catégories dont elle se compose, apprécier enfin l'étendue et la valeur des moyens que le pays possède, de pourvoir au sort de ses créanciers.

S'il résultait de cet examen que la situation de l'Espagne est telle, que les ressources du pays suffisent aux dépenses du gouvernement et aux besoins de la société; si, au surplus, la fertilité de son sol, l'importance de ses produits et la mise en activité des valeurs stagnantes ou mortes qu'elle renferme dans son sein, offrent, fécondées par l'industrie et vivifiées par le génie bienfaisant de la liberté, un accroissement de richesse en rapport avec l'importance des engagemens qui pèsent sur le pays, dès-lors le degré de crédit public dont jouira la nation sera la conséquence de son état réel, lui appartiendra en propre et la délivrera du bénévole protectorat de protecteurs officiels.

Que si au contraire la richesse de l'Espagne, l'état de son agriculture, l'étendue de son commerce, les produits de son industrie étaient au-dessous des obligations à sa charge, dès-lors sa situation financière serait mauvaise, et l'opinion des hommes impuissante à changer une condition ainsi faite par la nature des choses.

A part donc le mérite ou la vogue des différens systèmes qui ne tarderont pas à être en présence relativement à la dette publique, au-dessus de l'opinion de tel homme d'état ou tel financier espagnol, sur la convenance ou l'utilité des mesures à prendre, il y a ce qui domine toutes les opinions et tous les systèmes, savoir : la connaissance et l'appréciation des faits qui constituent la matière controversée. Réunir les élémens de cette connaissance, et exposer les vues qui découleront de leur analyse; tel est l'objet que nous nous sommes proposé, et que nous allons essayer de remplir.

CHAPITRE II.

—

RÉSUMÉ HISTORIQUE DES FINANCES DE LA MONARCHIE ESPAGNOLE.

L'histoire économique de tout pays civilisé suit pas à pas et inséparablement le développement des institutions civiles, de telle sorte que, sans s'enquérir des phénomènes particuliers de prospérité ou de décadence qui ont pu affecter chaque période en particulier, l'on peut affirmer avec certitude que le crédit, l'abondance, ont régné aux époques de paix, de liberté et de bon gouvernement, tandis que la misère, le déficit et la banqueroute ont été les compagnes inséparables du despotisme, de l'ignorance et des entraves opposées au libre développement de la pensée.

Cet incontestable axiome appliqué aux règnes des princes qui se sont succédé sur le trône d'Espagne depuis le xve siècle, expliquerait à lui seul les phénomènes économiques survenus pendant ce laps de temps, et serait en quelque sorte le plus fidèle résumé de l'histoire des finances de la monarchie.

Sous les anciens rois de Castille et de Léon, comme sous ceux de l'Aragon, au temps où les impôts étaient votés par les grandes et populaires assemblées de ces royaumes; malgré la rareté de numéraire, production lente et bornée de ces siècles de frugalité, malgré les guerres continuelles que les princes chrétiens étaient obligés de soutenir contre les Maures, le produit des impôts, joint aux dons volontaires faits par les citoyens à l'État, suffisaient à défrayer les dépenses publiques.

Alors le patrimoine territorial assigné aux rois

pour le soutien de leur haute dignité, était le seul subside qu'ils reçussent des peuples pour leur usage particulier.

Les princes espagnols antérieurs au xve siècle se distinguèrent généralement par un esprit de sagesse et de modération, qui, dans les temps modernes, a trouvé de rares imitateurs.

Le roi don Juan ayant assemblé les cortès de Castille, par suite de la perte de la bataille des Aljubarrota, il leur adressa un discours dont nous citerons ces paroles :

« Sachez que le deuil de notre cœur s'aug- » mente en considération des tributs que nous » sommes appelé à vous demander ; car bien » que ce soit vous qui ayez à les payer, nous en » ressentons plus de douleur que vous mêmes, » notre obligation, comme roi, étant de tenir » aux choses qui vous appartiennent comme » aux choses de nos propres enfans ; le prince » étant tenu, selon le dire de don Alonzo le » sage, de veiller aux intérêts de la com- » munauté avant de songer aux siens propres. »

L'historien Mariana nous a transmis le bail à ferme des rentes et revenus de la couronne fait sous le règne de don Sancho de Castille en faveur de l'hébreu Abraham Barchillon.

Le revenu total s'éleva (année 1227), à la somme de un million six cent mille maravedis (4,176,000 réaux monnaie actuelle (1).

Sous le roi don Enrique, en 1366, on l'évalua à 19 millions de maravedis.

Dans les cortès convoquées à Guadalajara, l'an 1388, il fut établi que l'impôt connu sous le nom d'Alcauala, produisait. . 18,000,000 f.

Droits annexés	7,000,000
Impôts indirects	10,000,000
	35,000,000

L'historien de don Henrique de Castille, lequel régna de 1390 à 1407, évalue le revenu de son règne à soixante millions de maravedis.

Les cortès de 1431 votèrent à don Juan de Castille des tributs estimés à quarante-cinq millions de maravedis ; mais ce vote devant être compté en sus des impôts ordinaires, loin de supposer que les revenus eussent diminué, tout porte à croire qu'ils avaient subi un accroissement.

Sous le règne glorieux de Ferdinand et Isabelle dont l'heureux mariage réunit les deux

(1) Le réal vaut, calculé à raison de 5 fr. 33 c. la piastre, 26 c. 65 millièmes.

couronnes de Castille et d'Aragon. Les revenus de la monarchie se composèrent :

1° Des terres composant le domaine privé des rois ;

2° Des *redevances emphytéotiques*, espèce de droit féodal imposé aux habitans des terres conquises ;

3° *Del rauso fonsadera y maneria*, redevance pécuniaire qui remplaça le service militaire que les habitans étaient tenus de prêter au prince ;

4° *Del yantar*, imposition destinée aux dépenses de la table royale, laquelle était à la charge des villes où séjournait la cour lorsqu'elle était en voyage ;

5° *Portazgos, barcages y montazgos*, droits de péage perçus sur les routes et au passage des fleuves en rétribution de l'assistance militaire que la couronne prêtait aux commerçans et aux voyageurs ;

6° La *forera*, droit de capitation sur les habitans non nobles ou vilains ;

7° La *martiniegay marzaga*, contribution de même origine ;

8° *Las juderias*, capitation sur les juifs ;

9° *Morerias*, capitation sur les Maures ;

10° *La dime*, établie par les Maures, consacrée et appliquée à l'usage de la commune dans les territoires conquis par les espagnols;

11° *La santa cruzada*, produit des aumônes religieuses pour soutenir la guerre contre les infidèles;

12° *Las tercias*, le neuvième du produit des dîmes ecclésiastiques;

13° Les douanes;

14° *Pedidos y monedas*, impositions ordinaires votées par les cortès;

15° Les salines du royaume.

16° *La Alcabala*, droit de dix pour cent sur la valeur de tout objet vendu.

Aux impôts ordinaires, les rois catholiques ajoutèrent le produit des quatre grandes commanderies des ordres militaires, dont le pape leur conféra l'investiture à perpétuité.

Il résulte d'un rapport du conseil de finances, déposé dans les archives des finances que le revenu de la monarchie atteignit sous Ferdinand et Isabelle, la somme de 347,689,604 millions de maravedis.

La sage et vigoureuse administration du cardinal Cisneros, enrichit le domaine de l'Etat par la réunion de nombreuses terres usurpées par les grands ; mais les prodigalités de Philippe-le-Bel, duc de Brabant, et père de Charles V, les énormes dépenses où ce dernier fut entraîné par les guerres continuelles et dispendieuses qui remplirent toute la durée de son règne, réduisirent à une pénurie continuelle le monarque le plus puissant de la chrétienté.

Néanmoins le peuple espagnol, associé à la fortune de ce prince, se montra prodigue de son or comme de son sang pour soutenir les grandes entreprises de ce règne.

Pour parer à l'insuffisance des revenus ordinaires de la couronne, et faire face aux guerres que la monarchie espagnole soutenait à cette époque sous tous les climats, et contre les puissances les plus formidables de la terre, Charles V eut recours aux moyens extraordinaires suivans :

A la vente des biens des couvens et des monastères ;

A celle des terres appartenant aux ordres de chevalerie militaire, jusqu'à la concurrence d'une somme équivalente à 40 mille ducats de revenu ;

A celle des droits seigneuriaux, appartenant

aux monastères et églises, pour une somme équivalente à 500 mille ducats de revenu ;

A un subside extraordinaire de 150 millions de réaux (1) votés par les cortès en 1517 ;

A un autre subside de 300 millions votés par les cortès en 1520 ;

A un autre subside de 400 millions votés par les cortès en 1523 ;

Les abbés des riches monastères offrirent l'argenterie de leurs églises ;

Les commandeurs des ordres militaires firent abandon du cinquième de leurs revenus ;

L'ordre des bénédictins présenta au roi 12 mille doublons ;

On créa des *juros*, espèce de rentes perpétuelles constituées en faveur des personnes qui volontairement prêtaient leur argent au trésor.

L'ambitieuse politique de Philippe II ayant entraîné l'Espagne dans des guerres plus opiniâtres et plus dispendieuses, que celles soutenues par son père, les finances du pays se virent réduites à un état déplorable, que ne put

(1) Chaque réal vaut 2 réaux 21 maravedis monnaie d'aujourd'hui.

relever l'abondance des trésors arrivés d'Amérique.

Dans les Cortès tenues à Tolède en 1559, Philippe II se plaignait de l'état obéré où les guerres réduisaient son trésor :

« Il est dû beaucoup d'argent, disait-il, et » vous êtes appelés à en octroyer encore davan» tage, afin que nous puissions augmenter no» tre flotte, et défendre nos vastes posses» sions. »

Philippe augmenta en effet les revenus ordinaires :

1° De l'accroissement dans l'impôt direct que lui votèrent les cortès en 1559 ;

2° D'un subside prélevé sur les revenus ecclésiastiques, et qui s'éleva à 420 mille ducats.

3° De l'*excusado*, consistant dans la dîme du domaine le plus productif situé dans chaque paroisse ;

4° D'un impôt de consommation, d'abord destiné à réparer la perte de la *grande armada* ;

5° De l'agrégation à la couronne des salines appartenant à des particuliers ;

6° Du produit des licences pour la traite des noirs.

Malgré ces ressources extraordinaires, les dépenses de la monarchie étaient alors si considérables, que Philippe, le monarque le plus opulent de son siècle, éprouva souvent des besoins personnels.

La décadence ne fit que s'accroître sous le règne de Philippe III. La destruction des libertés aragonaises, effectuée par le père de ce monarque, porta la première atteinte au commerce et à la navigation des Catalans. Les villes de Castille, privées de leurs franchises par l'empereur Charles V, virent s'anéantir leur prospérité par l'établissement de réglemens qui entravèrent le commerce de l'Espagne, si florissant aux xve et xvie siècles.

De fausses notions d'économie publique portèrent les ministres de Philippe III à intervenir dans les transactions commerciales.

Éblouis par l'abondance du numéraire que l'exploitation des mines de l'Amérique avait jeté dans la circulation ; persuadés que l'Espagne serait le plus riche pays du monde si elle conservait ce numéraire, et croyant qu'en prohibant l'importation des marchandises étrangères, ils empêcheraient l'argent de sortir, ils adoptèrent les funestes mesures fiscales, qui, en peu d'années, ruinèrent l'industrie, l'agriculture et la navigation.

On établit des monopoles, on mit des entraves à la libre circulation des transports à l'intérieur. On prohiba l'entrée et la sortie de diverses sortes de marchandises; enfin, on porta l'incurie jusqu'à charger de droits énormes à l'exportation les produits du sol.

Un système aussi déplorable ne tarda pas à porter ses fruits. Les revenus diminuèrent considérablement. Incapable de faire face à ses engagemens, le gouvernement suspendit le paiement des obligations les plus sacrées.

Philippe IV n'en continua pas moins à suivre le système politique et financier qui chaque jour précipitait la ruine de l'Espagne. — Engagé dans des guerres continuelles en Flandre, en Allemagne, en Italie ; privé du concours des assemblées nationales des cortès que les princes autrichiens cessèrent entièrement de convoquer, ce prince augmenta de sa seule autorité les impôts existans, en créa de nouveaux, et donna l'exemple funeste de la violation de la foi publique, soit en suspendant le paiement des créances sur l'État, soit en s'emparant de l'argent venant d'Amérique pour les particuliers.

Des temps dont nous parlons, date également l'odieuse politique de confisquer les biens des sujets des puissances avec qui l'on était en guerre.

Les revenus publics s'élevèrent sous Philippe IV, à 36,646,437 ducats.

La déplorable décadence où la monarchie se vit réduite pendant le règne malheureux du faible Charles II, dut nécessairement s'étendre aux finances. — La plupart des revenus se trouvaient engagés à des fermiers, dont les usures appauvrissaient l'État et ruinaient les particuliers. La mauvaise administration, la chute des institutions civiles qui dans les siècles antérieurs avaient fait la prospérité et la gloire des Espagnols, l'immobilité intellectuelle, l'apathie morale qui fut la conséquence du triomphe des principes religieux et politiques de Philippe II, avaient exercé une si rapide influence sur la prospérité matérielle du pays, que, selon le rapport du marquis de los Velez, surintendant général des finances, les revenus que nous avons dit s'être élevés dans le règne précédent au-dessus de 36 millions de ducats, se baissèrent en 1693 jusqu'à 8 millions.

La gêne et la détresse du monarque lui-même

arrivèrent au point que, selon un écrit contemporain, sa maison manquait de médecines, les dames du palais de leur nécessaire, et la reine-mère se vit réduite à n'avoir pour son souper qu'un gigot de mouton. »

Malgré les calamités et les pertes qui accompagnèrent la longue guerre dite de la succession, dès que Philippe V se vit tranquille possesseur du trône, il s'appliqua, aidé par les conseillers habiles dont l'entoura son grand-père Louis XIV, à relever les finances, à établir de l'ordre et de la régularité dans l'administration. Pour être juste, l'historien est conduit à reconnaître que dans le nombre des maux que l'Espagne est en droit d'imputer à la dynastie française, on ne saurait lui attribuer celui d'avoir négligé sa prospérité matérielle, laquelle s'est accrue en progression constante depuis Philippe V jusqu'à l'invasion de Napoléon.

Le comité des finances, institué par le premier roi de la dynastie française porta le revenu public, toutes les branches comprises, à 211,007,590 réaux. C'était 130 pour cent d'augmentation comparé aux dernières années de la dynastie autrichienne.

L'administration bienfaisante, éclairée et douce, de Ferdinand VI, favorisée par une longue paix, s'attacha à améliorer les finances, à encourager la production, à protéger l'industrie et le commerce. Elle recueillit des fruits abondans de son honorable sollicitude. Le trésor espagnol, qui depuis Charles V, s'était constamment trouvé en déficit, et n'avait jamais pu parvenir à égaler les dépenses avec les recettes, vit enfin ses ressources suffire aux besoins du service : on paya les dettes courantes ; l'on fit face à toutes dépenses inprévues. L'armée reçut un accroissement ; les arsenaux furent approvisionnés et pourvus ; on augmenta la flotte, et à la mort précoce de ce prince il y avait dans les caisses de l'état un excédant en numéraire évalué à 15 millions de piastres fortes (75 millions de fr.). Ajoutons que cette somme provenait en grande partie des remises reçues d'Amérique comme produit de l'accumulation des redevances de plusieurs années, les autorités coloniales en ayant suspendu l'envoi durant la guerre de la succession, pour ne verser les fonds qu'entre les mains de celui des deux compétiteurs, à qui resterait définitivement la couronne.

La prospérité et le développement de richesses

qui signala le règne de Ferdinand VI, s'accrurent encore sous celui de son frère Charles III. Malheureusement ce prince ne sut pas se défendre des suggestions d'intérêt de famille qui l'entraînèrent dans de funestes guerres, et compromirent le haut degré de prospérité auquel l'Espagne était parvenue. Sous le rapport des intérêts mercantiles, l'on doit être reçu à soutenir que la possession de l'Amérique ne devint vraiment profitable à l'Espagne qu'à dater de la moitié du règne de Charles, époque à laquelle il fut permis aux habitans des deux hémisphères d'entretenir des rapports de commerce et d'échanger entre eux les produits des deux continens. Depuis la découverte des Amériques, jusqu'à l'ordonnance dite de libre commerce, et publiée en 1758, les expéditions pour le nouveau monde, ne pouvaient se faire que par les seuls ports de Cadix et Séville. Le gouvernement réglait le nombre de navires devant partir chaque année pour les colonies. Ils ne pouvaient aborder qu'aux seuls ports de Vera-Cruz, de Buénos-Ayres et de Porto-Bello. Des commissaires désignés par l'autorité réglaient les lieux et le prix auxquels devaient se vendre en Amérique les marchandises apportées par les galions.

Charles III leva les odieuses entraves qui s'opposaient au libre commerce de ses sujet vivant sous des latitudes différentes. Les domaines espagnols dans tous les climats du globe devinrent accessibles à l'industrie et à la navigation des peuples soumis au même sceptre.

Par suite de ces mesures salutaires, les provinces maritimes de l'Espagne éprouvèrent un accroissement rapide de prospérité.

Une banque de dépôt et d'escompte fut créée à Madrid sous les auspices du gouvernement le capital de sa fondation s'éleva à près de 100 millions de francs.

D'autres sociétés de commerce, telles que *los cinco gremios* et la Compagnie de Philippines s'établirent avec un non moindre succès, et arrivèrent en peu d'années à une immense puissance de crédit.

Les revenus de la couronne qui, dans le règne prospère de Ferdinand VI ne s'étaien élevés qu'à 360,538,440 réaux, atteignirent, sous Charles III, 506,546,497 réaux, et furen même portés, en 1758, jusqu'à 637,545,37: réaux.

La progression avait donc été depuis 1697 de 88 millions à 637 millions. Cette simple comparaison suffit pour donner une idée d'abord de l'immense influence que l'administration publique exerce sur la prospérité des peuples, en même temps qu'elle démontre les précieux élémens de richesse que renferme un pays où il a suffi de quelques années d'ordre et de bon gouvernement, pour augmenter la richesse individuelle et publique de 600 p. 100.

Mort au moment où la révolution française ouvrait la longue série de guerres qui ont exercé une si grande influence sur le sort du monde, Charles III légua à son fils la tâche honorable de continuer l'œuvre si heureusement commencée.

Mais le débonnaire Charles IV, destiné à n'occuper le trône que pour couvrir de la responsabilité de son nom les mesures funestes qui devaient hâter la chute des restes de la puissance espagnole, loin de marcher sur les traces de son père, laissa le gouvernement entre des mains qui abusèrent du crédit où le pays était parvenu, augmentèrent effroyablement la dette, doublèrent les impôts, dépouillèrent les établissemens publics, prodiguèrent l'or à pleines mains, et finirent par livrer le royaume à l'étranger.

L'invasion des armées françaises, et la guerre odieuse et acharnée qui en fut la suite, commencèrent une époque de calamités et de désastre sans exemple dans l'histoire moderne. La plu part des villes de l'Espagne furent livrées a pillage, ses moissons brûlées et détruites, se troupeaux égorgés, ses fabriques et ses édifice incendiés, ses capitaux anéantis ou enlevé Malgré des pertes aussi douloureuses, telles son la fertilité de son sol et les conditions de pros périté que le pays renferme, que peu d'année suffirent pour réparer du moins en partie ce désastres.

En 1816, les revenus publics s'élevèrent près de 400 millions de réaux, c'était 130 mil lions de moins que dans l'année la plus prospèr du règne de Charles III.

Enfin, les cortès nationales, appelées en 182 pour continuer l'œuvre des réformes si noble ment entreprises par les cortès constituans d Cadix, sentirent la nécessité de consolider le finances, et de donner une base morale et per manente au crédit de la nation.

Rien ne saurait être comparé à l'état de dé sordre, de pénurie et de discrédit où elle trouvèrent le trésor, ainsi que toutes les bran ches de l'administration.

La dette publique, déjà considérable dans l

règne de Charles III, s'était accrue sous celui de Charles IV de plus de quatre milliards de réaux. La dissolution du gouvernement, la dislocation des administrations publiques, l'anarchie et la dévastation universelle qui furent la suite de l'invasion des armées françaises en 1808, avaient entraîné de fait une banqueroute générale. Tout payement des intérêts de la dette, lequel avait été jusqu'alors régulièrement effectué, cessa par suite de cet état de choses. Le gouvernement éphémère de Joseph Bonaparte, réduit à l'enceinte de Madrid, méconnu dans les provinces à la fois et par les patriotes et par les généraux français, ayant à peine de quoi défrayer les dépenses personnelles du roi et de ses ministres, fut constamment hors d'état de pourvoir au service des intérêts de la dette. La junte centrale, ainsi que la régence qui lui succéda, déjà fort en peine pour faire subsister les armées insurrectionnelles, purent encore moins trouver les moyens de satisfaire les créanciers de l'État. Au retour de Ferdinand, la situation du trésor était encore plus grave; les emprunts faits durant la guerre par le gouvernement national, se trouvaient en souffrance; les fournitures d'équipemens et de vivres, tombées à

la charge des provinces demandaient à être l
quidées. Les énormes dépenses qu'entraînaie
les expéditions dirigées contre les colonies i
surgées, absorbaient toutes les ressources do
le gouvernement pouvait disposer. Indépe
damment des immenses capitaux et des arrérag
de douze ans, que ces différentes créances me
taient à la charge de la nation, la dette flottan
du trésor pour les services courans des anné
postérieures au retour du roi, s'élevait à pr
d'un milliard de réaux. Tel fut l'état déplorab
dans lequel les cortès trouvèrent les financ
de la monarchie.

Mais, dignes émules des vertueux mandata
res qui, réduits à l'enceinte d'une place assiégé
avaient donné l'exemple de la probité la pl
haute, prenant toutes les dettes de la royau
sous la sauvegarde de l'honneur national
les cortès de 1820 renouvelèrent la décl
ration déjà faite par les cortès de Cadix, et d
clarèrent *dette nationale* l'intégralité des ob
gations contractées par la couronne dans le
règnes précédens.

Voulant cependant concilier les principes d
moralité, de bonne foi, qui les portaient
rassurer le sort des créanciers de l'État, ave

l'impossibilité de charger le trésor du paiement des arrérages de la dette publique, les cortès décidèrent que toutes les dettes antérieures à l'année 1820 seraient liquidées par l'établissement créé par elles sous la dénomination de *crédit public*, et payées en propriétés foncières.

La masse de propriétés nationales mises à la disposition du *crédit public* pour opérer l'amortissement de la dette, composait une dotation tellement riche, que malgré l'énormité de cette dernière, si le plan décrété par les Cortès avait reçu son exécution, il y aurait eu un excédant considérable en biens-fonds.

Un exemple unique dans l'histoire financière des nations eût alors été donné par l'Espagne: après avoir payé intégralement sa dette, elle aurait possédé un patrimoine public non engagé, précieuse hypothèque qui, léguée à l'avenir, comme un gage de sage prévoyance, aurait été le plus beau démenti de la théorie funeste de dévorer à l'avance le travail et la substance des générations à naître.

Ayant pour ainsi dire aliéné au profit des créanciers de l'État toutes les ressources extraordinaires de la nation, les cortès, qui voulurent éviter de surcharger le peuple d'impôts considérables au moment de l'établissement d'un nouveau régime, cherchèrent à combler le déficit existant entre les recettes courantes et les besoins du service ordinaire, au moyen d'emprunts et de créations de rentes à inscrire sur un grand-livre de la dette publique ; institution auparavant inconnue en Espagne, et établie pour la première fois sous le gouvernement constitutionnel.

Ainsi, les charges annuelles que le pays avait à satisfaire au moyen de l'impôt, étaient réduites, selon le système adopté par les cortès, aux seules dépenses qu'entraînaient la liste civile, l'armée, la marine et l'administration ; plus, la part, nécessairement très-faible, que nécessitait le service des arrérages de la dette inscrite, postérieure à l'année 1820.

L'on comprend combien une telle situation était nette et simplifiée. Toute la dette ancienne était reconnue, liquidée, soldée, en terres et domaines en plein rapport, et choisis au gré des acquéreurs. Les biens nationaux étaient adjugés à l'enchère et payables seulement en papier.

De son côté, le trésor, libre des obligations et des charges antérieures au nouveau régime, offrait la garantie des ressources courantes pour toutes les opérations où il pouvait être utile de l'engager.

Ce simple aperçu suffit pour faire sentir combien était solide et rassurante la position des capitalistes qui prirent part aux emprunts des cortès. Nous examinerons plus loin les difficultés qui s'opposent à ce qu'ils puissent être actuellement replacés dans la situation dont les a privés le renversement du gouvernement constitutionnel.

Bornons-nous à observer que les changemens introduits par les cortès dans le système général des finances, quoique adoptés avec quelque précipitation, et en partie antipathiques aux usages du peuple, auraient fini à la longue par alléger considérablement les charges supportées par les masses sous le régime précédent. La plupart des contributions indirectes qui retombaient sur les classes laborieuses et pauvres furent remplacées par des impôts directs sur l'industrie et le commerce. La dime réduite de moitié, soit au vingtième des produits bruts de l'agriculture, fut entièrement laissée au profit du clergé; sous le système antérieur le fisc percevait les 4/6 du produit.

Toutefois malgré ces réformes, malgré les avantages du meilleur système de comptabilité qui les accompagna, nonobstant la centralisation, opérée dans les caisses du trésor, des revenus et des rentes auparavant gérées par des corporations particulières, on ne put obtenir aucun accroissement de recette, tant l'action de la meilleure administration a besoin de temps pour réaliser les améliorations que ses théories comportent. On n'improvise pas la prospérité d'une nation depuis trois siècles livrée à l'influence des principes contraires aux saines notions de l'économie publique.

Ce serait donc une erreur, que de croire comme l'ont insinué des publications récentes que les plans atribués à l'homme habile qui dirige aujourd'hui les finances espagnoles, suffiront pour produire *immédiatement* une augmentation des ressources ordinaires, suffisantes du moins pour faire face aux intérêts de toute la dette.

Les *propios* et *arbitrios*, les *baldios*, les *maestrazgos*, les autres branches de revenu représentées comme capables de remédier sur-le-champ aux besoins de la situation présente, ont déjà figuré dans les budgets des années antérieures à la révolution, sans avoir pour cela suffi pour couvrir le déficit progressif et constant dans lequel s'est trouvé le trésor depuis 1808.

Moins que qui que ce soit, nous désespérons de l'avenir de l'Espagne, plus que tout autre nous avons confiance dans la haute prospérité à laquelle elle saura atteindre sous un régime vraiment national. Mais autant par amour envers notre pays que par suite de notre conviction que cet avenir renferme toutes les garanties désirables, nous croyons qu'il serait aussi exagéré qu'imprudent de forcer l'œuvre du temps et du progrès des intelligences; l'Espagne actuelle apauvrie par vingt ans de pertes, de déchiremens, de luttes intestines et de guerres civiles et étrangères ne saurait supporter des charges supérieures à celle qu'elle acquittait difficilement dans les années prospères du règne de Charles III et de Charles IV.

Du reste aucune base ne paraîtra moins suspecte pour arriver à la connaissance de la limite dans laquelle le pays peut supporter l'action de l'impôt que celle qui naîtra de la comparaison des systèmes essayés pour l'accroître par les différens régimes qui se sont succédé depuis quarante ans.

Budget des recettes ordinaires sous Charles IV.

Année 1799.

	Réaux vellon.
Rentes générales, douane comprise	87,207,795
Rentes du tabac, sel, timbre, etc.	143,115,880
Rentes provinciales.	140,093,295
Part prélevée par l'État sur la dîme ecclésiastique.	38,603,658
Proprios y arbitrios	12,723,807
Maestrazgos.	1,483,429
Loterie	2,724,393
Contributions de la Catalogne, de l'Aragon, de Valence et de Mallorca	33,861,569
	459,813,825

Sous Ferdinand VII.

1816.

Rentes générales, douane et droit sur la laine compris. . . .	136,000,000
Rentes provinciales.	142,000,000
A reporter.	278,000,000

	Réaux vellon.
Report.	278,000,000
Tabac, sel, timbre, etc. . .	172,000,000
Dîme, cruzada et subside du clergé	75,500,000
Loterie.	12,707,820
Contribution des provinces de l'ancienne Couronne d'Aragon.	45,500,000
Maestrazgos.	4,402,504
Revenus divers.	7,673,216
	595,783,540
Frais de perception.	187,099,603
Net produit. . .	402,326,784

Gouvernement constitutionnel.

1821.

Contribution générale. . . .	125,000,000
Dîme et subside du clergé . .	45,000,000
Assignation sur les évêchés . .	8,000,000
Douanes.	80,000,000
A reporter.	258,000,000

	Réaux vellon.
Report.	258,000,000
Partie des octrois appliqués au trésor	27,000,000
Cruzada et *indulto quadragésimal*	17,500,000
Postes	10,000,000
Loteries	10,000,000
Tabac, sel, etc.	86,000,000
Revenus divers	7,500,000
	416,000,000

Année 1822 à 1823.

Impôt territorial	150,000,000
Id. de consommation . . .	100,000,000
Douanes	60,000,000
Impôt sur le clergé	10,000,000
Cruzada	12,000,000
Tabac, sel et timbre	109,300,000
Impôt sur les maisons.	20,000,000
Patentes	25,000,000
Loterie	14,000,000
A reporter.	500,300,000

	Réaux vellon.
Report.	500,300,000
Lanzas (impôt sur la noblesse titrée)	8,000,000
Revenus divers.	4,500,000
Postes	10,000,000
Subside des colonies	10,000,000
	532,800,000

La seconde restauration publia un budget en 1826. La partie des recettes ne s'élevait pas au-dessus de 450 millions de réaux. Pour les années suivantes, il n'y a pas eu de publication officielle de ce genre; mais si nous nous en rapportons au témoignage des défenseurs avoués du système financier, dans lequel le gouvernement paraît avoir l'intention de persévérer, le budget des recettes pour 1833, y compris la dotation de la caisse d'amortissement, n'aurait pas dépassé six cent millions de réaux.

La série de faits authentiques que nous venons d'exposer, nous semble établir de la manière la plus complète, que dans l'état actuel de ses finances, l'Espagne ne peut supporter par la voie ordinaire de *l'impôt*, des charges excédant cinq à six cents millions environ.

Pour mieux ſaire apprécier l'insuffisance de ces ressources, relativement aux besoins accumulés de la dette publique et du service ordinaire, nous terminons ce chapitre par le relevé des dépenses depuis plusieurs siècles considérées comme absolument nécessaires, pour assurer la marche des affaires et la stabilité du gouvernement.

État démonstratif des revenus et des dépenses de la monarchie espagnole, depuis le règne de Philippe III.

RÈGNES ANTÉRIEURS.	REVENUS ordinaires.		DÉPENSES.
	Réaux vellon.		Réaux vellon.
Philippe III..............	97,376,000		132,420,750
Philippe IV	401,340,707		182,515,916
Charles II................	88,000,000		192 992,000
Ferdinand VI..............	360,538,440		331,918,398
Charles III...............	637,545,372	(1)	865,171,735
Charles IV................	550,697,975	(2)	2,729,799,168
Ferdinand VII, première restauration..............	390,027,384	(3)	713,973,600
Gouvernement constitutionnel..................	532,800,000	(4)	658,813,322
Ferdinand, 2ᵉ restauration..	450,000,000		430,000,000

(1) Le déficit fut comblé au moyen de l'émission de *vales réales* ou certificats de dette intérieure portant intérêts.

(2) Le déficit fut comblé en partie par l'émission de *vales réales*, en partie par la vente des biens ecclésiastiques, autorisée par des bulles du pape.

(3) Le déficit resta à la charge de la dette flottante du trésor.

(4) Le déficit fut couvert au moyen des emprunts négociés à l'étranger.

CHAPITRE III.

—

STATISTIQUE ÉCONOMIQUE DE L'ESPAGNE.

Située entre le 1er et le 11e degré de longitude et entre le 36e et 44e degré de latitude, séparée de la France et du continent européen par la chaîne des Pyrénées, baignée de tous côtés par deux mers dont elle domine le point de jonction, la péninsule hispanique jouit d'une situation géographique aussi privilégiée que son climat est heureux, son territoire fertile, ses productions abondantes et variées.

Depuis le détroit de Gibraltar jusqu'au cap de Rosas, ses côtés occupent 252 lieues maritimes ; sur l'Océan, elles se prolongent sur une étendue de 234 lieues.

De Cadix à St.-Sébastien, soixante-trois ports de mers offrent un mouillage sûr à ses flottes et à ses vaisseaux marchands. Sur la Méditerranée elle en possède vingt autres réputés les plus beaux de ce magnifique lac.

L'extension superficielle de l'Espagne, non compris les îles qui en dépendent, est de 15,005 lieues 1/2 carrées.

La division politique la partage en 34 provinces dont 31 forment parties de son territoire continental.

Classées en provinces maritimes et en provinces intérieures, en méridionales et septentrionales, les provinces maritimes méridionales comprendraient Valence, Murice, Grenade, Malaga et Séville, ayant une superficie de 2,859 lieues carrées, et 3,485,764 habitans.

Les Asturies, la Galice, la Biscaye et la

Catalogne, avec une étendue territoriale de 4,441 lieues 1/2 carrées et 3,912,595 habitans formeront les provinces maritimes du Nord, *Salamanca*, *Estramadura*, *Cordoue*, *Jaen*, *la Mancha*, *Toledo*, *Cuenca*, appartiennent à la division méridionale, tandis que *Leon*, *Palencia*, *Zamora*, *Toro*, *Valladolid*, *Madrid*, *Avila*, *Guadalajara*, *Segovia*, *Soria*, *Alava*, *Navarra*, et l'*Aragon* correspondent à la division du Nord. — La superficie territoriale des provinces intérieures tant méridionales que septentrionales est de 7850 lieues carrées, leur population s'élève à 5,779,704 habitans.

Michel Osorio y Redin, auteur espagnol du 17e siècle, attribue à la Péninsule une étendue superficielle de trois cents millions de fanegadas (1).

Sur ce nombre il évalue que le Portugal, ainsi que les montagnes et rivières que coupent le territoire espagnol en occupent 150 millions. — Il divise les 150 millions restans en 100 millions de fanegadas terre de bonne qualité, con-

(1) La fanegada de 400 estadales est égale à 48 ares $\frac{374}{1000}$

sidérant les autres 50 millions comme de qualité moyenne.

Des recensemens plus récens donnent aux 34 provinces (les îles comprises) 15,702 lieues carrées. — Soit 107,660,954 fanegadas.

Selon le rapport présenté aux cortès de Cadix par son comité d'agriculture, les terres cultivées s'élevaient au commencement du siècle, à 55 millions d'aranzadas.

Sur ce nombre les particuliers en possèdent.	17,599,900
Le clergé et les hospices. . . .	9,093,400
Les seigneurs	28,306,700
Terres en culture..	55,000,000
En prairies.	15,000,000
Terres en friche.	13,000,000
Espace occupé par les montagnes, rivières, lacs, fleuves, carrières et marais.	17,194,720
	100,194,720
Terres argileuses réputées improductives.	4,000,000
Superficie de l'Espagne péninsulaire.	104,194,720

Ce vaste territoire est coupé dans tous les sens par de nombreuses chaines de montagnes ; dont l'élévation et la conformation granitique enlèvent, il est vrai, à la culture, une immense étendue de terres; mais ce désavantage se trouve amplement compensé par les richesses minérales que ces montagnes renferment, par la variété de productions dues à la différence de température qu'elles déterminent; enfin, par la prodigieuse fertilité que les nombreuses rivières prenant leur source dans les flancs de ces montagnes, répandent dans les magnifiques vallées, arrosées par leur cours.

Parmi les provinces méridionales maritimes, Valence se fait principalement remarquer par l'état avancé de son agriculture. La fertilité de son sol, jointe à la laborieuse activité de ses habitans, répandent dans sa population un degré de prospérité et d'aisance, inconnu dans les autres parties de l'Espagne. On y recueille en abondance de la soie, du riz, des céréales et des fruits très-estimés. Eu égard à l'étendue de son territoire, c'est la Province où se crée annuellement une plus grande masse de richesses. La sécheresse dont est frappée le territoire de Murcie, le rend comparativement moins fertile;

mais dans les localités où l'eau abonde, comme aux environs de la capitale, la campagne représente selon l'expression de l'historien Mariana, l'image d'un paradis terrestre. L'excellence du climat, la bonté des terres, l'abondance des moyens d'irrigation qu'elles possèdent, assurent aux provinces de Grenade, de Malaga et de Séville, des productions dont la bonté n'est égalée nulle part sur le globe, et que vont chercher dans leurs ports, les vaisseaux de tous les peuples marchands. Leurs exportations annuelles en vins, en fruits secs, en plomb, en sumac, en soie brute, montent à plus de 100 millions de réaux.

La fertilité naturelle des provinces maritimes septentrionales n'égale pas celle des provinces du Midi, mais l'active industrie des habitans de la Catalogne et des côtes de la Cantabrie supplée en partie au désavantage du sol et répand une grande aisance dans la population. La première possède des fabriques de draps, de percale, de bonneterie, de papier, réputées les meilleures de la Péninsule. Son commerce en vin et eau-de-vie, un des plus vastes de la Méditerranée, peuple cette mer de navigateurs catalans. Sous le triple rapport de son industrie agricole, commerciale et manufacturière, cette province est au niveau de la plus prospère qui soit dans l'univers.

L'exportation des laines et des blés, produits des deux Castilles, rend également très-actif le mouvement commercial des côtes des Asturies et de la Biscaye.

La Galice, dont la vaste étendue serait susceptible d'une culture importante, n'a pas jusqu'ici mis à profit toutes les ressources de son territoire. Dans l'absence du principe vivificateur d'intelligence et de vie qui mettrait en action les élémens naturels de richesse dont abonde cette province, la sobriété et l'amour du travail qui distinguent ses habitans n'ont pas suffi pour la tirer de son état d'infériorité relative.

Les provinces intérieures, frappées en grande partie de sécheresse, sont moins peuplées et moins riches que les provinces maritimes. Toutefois l'Extramadure, Cordoue, Cuenca, l'Aragon, la partie orientale de la Manche, jouissent de conditions heureuses. Les unes abondent en troupeaux et en céréales; les autres recueillent du vin, de la soie, de l'huile, au-delà de ce qui est nécessaire à leur consommation. Le manque de grandes voies de communication empêche le commerce intérieur de tirer parti de produits excédans. Aussi est-il fréquent qu'une province est encombrée de ses récoltes, tandis que la province voisine, où elles trouveraient un placement avantageux, n'en peut profiter à cause de la rareté et du haut prix des transports.

Les données statistiques officielles les plus récentes que l'on possède sur la richesse territoriale et mobilière de l'Espagne se trouvent consignées dans le *Censo de frutos y manufacturas del Reyno*, pour l'année 1799, travail publié par le gouvernement en 1803. Nul renseignement de ce genre n'existant pour les années postérieures, nous sommes forcés d'asseoir nos calculs sur des estimations qui datent de près d'un demi-siècle. Les bouleversemens, les guerres éprouvées depuis lors ont certainement diminué la richesse mobilière, mais comme d'un autre côté, elle a dû également s'améliorer par l'effet naturel du temps et d'une longue paix, nous ne croyons pas que l'on s'éloigne matériellement de la vérité en l'évaluant à 10 pour cent au dessous de l'estimation faite en 1803.

D'après cette base on compterait actuellement dans les trente et une provinces qui forment le territoire continental.

Bétail à cornes	3,694,156
Chevaux et jumens	533,926
Mules	298,214
Anes	780,788
Moutons et brebis	24,916,212
Chèvres	6,916,890
Porcs	3,628,283

Le produit annuel de la richesse territoriale s'éleva, en 1799, selon le même document, à la somme de 5,143,938,348 réaux. Mais il est démontré par les renseignemens postérieurement parvenus au gouvernement, que la négligence des employés chargés de ce travail, et principalement les craintes conçues par les particuliers, relativement aux vues du fisc, produisirent des estimations de beaucoup inférieures aux produits réels. M. Canga Arguelles, l'un des ministres les plus laborieux et les plus éclairés qui aient administré le pays, et dont la science fait autorité en matière d'économie et de finances évalue le produit total de la richesse territoriale à 8,572,220,591 réaux.

On ne saurait cependant regarder ce chiffre comme la commune mesure de ce que l'agriculture de l'Espagne est susceptible de produire. Cet art y est pour ainsi dire dans son enfance. Les méthodes employées pour la préparation et l'ensemencement des terres, pour la récolte et la conservation des produits, sont encore les mêmes qu'on usitait du temps des Maures. Les instrumens destinés au labourage sont les plus grossiers et les plus imparfaits dont on fasse usage en Europe; les agriculteurs manquent de capitaux nécessaires aux exploitations perfectionnées. Cultivé selon les procédés et avec les moyens dont disposent les fermiers anglais, le territoire de l'Espagne décuplerait en peu d'années ses produits actuels.

Quant aux richesses minérales, susceptibles d'un si grand développement, qu'à notre avis leur produit devrait entrer pour le tiers dans la masse du produit territorial, elles ont été jusqu'ici presque entièrement négligées.

La Catalogne, les Asturies, l'Andalousie, abondent en carrières d'albâtre, d'émérites, de topazes, d'azur, dont on ne tire absolument aucun parti.

La Galice et les Asturies possèdent des minerais de fer estimés supérieurs à ceux de la Suède. Le plomb et le cuivre, dont l'exploitation a obtenu quelque faveur dans les dernières années, ont enrichi les provinces qui se livrent à cette industrie. Les *Alpujarras*, pays sauvage et pauvre au commencement du siècle, doit à ses mines de plomb d'être devenu en peu d'années une des contrées les plus prospères qui soient sur la terre.

Nous ne possédons sur l'état actuel de l'industrie manufacturière aucun renseignement postérieur au *Censo* déjà cité. Les états qui accompagnent ce document officiel évaluent, ainsi qu'il suit, le mouvement des fabriques existantes en 1803.

	Réaux vellon.
Produit des métiers employés au tissage des toileries	192,853,413
Id. des métiers de coton	48,168,098
Id. des fabriques de papier, 363,485 rames . . .	9,293,946
Id. des distilleries, 2,136,104 arrobes d'eau-de-vie	48,148,000
Id. des fabriques de savon	213,682
Id. des manufactures	
A reporter. . . .	298,677,139

	Réaux vellon.
Report	298,677,139
de tissus de laine, drap, moleton, flanelle, bonneterie et ruban	123,091,848
Id. de tissus de soie .	67,665,599
Id. des fabriques de faïence, porcelaine et autres.	246,207,625
Id. de fer, cuivre et quincaillerie	96,824,917
Id. de fabriques diverses.	219,193,579
Total. Réaux vellon . .	1152,650,707

Le comité de finances des cortès de Cadix, dans son rapport sur un nouveau système de contribution, adopta le chiffre précédent pour servir de base aux opérations du budget de 1813.

Ce comité ne regarda pas cependant les données produites par le *Censo* comme l'expression fidèle des forces productives de l'industrie nationale. Mais il a cru devoir adopter une estimation évidemment inférieure, en raison des ménagemens réclamés par l'état de dégradation et de souffrance où les dévastations et les désastres de la guerre avaient réduit tous les instrumens du travail.

M. Canga-Arguelles, que nous aimons à prendre pour guide sur ces matière, évalue le produit annuel des manufactures et des ateliers de l'Espagne à la somme de 1,545,820,914 réaux.

Avant l'anéantissement de la marine marchande Espagnole, dont l'entière destruction a été consommée par la longue guerre avec les colonnies, elle employait 943 navires faisant le commerce de long cours. Leur tonnage réuni s'élevait à 150,014 tonneaux.

Pendant les années florissantes antérieures à la révolution de 1808, les exportations de l'Espagne pour les pays étrangers s'élevèrent

En 1787 à	178,317,093
En 1788.	295,456,178
En 1789.	289,973,280
En 1792 elles atteignirent. . . .	396,195,113

Dans les mêmes années les importations furent :

En 1787 de	642,115,104
En 1788.	666,274,729
En 1789.	717,397,388
En 1792.	714,898,698

Malgré la guerre avec l'Angleterre toujours nuisible au commerce espagnol, les exportations s'élevèrent en 1795 à . . . 480,000,000

Sur cette somme les différens produits exportés figurent de la manière suivante :

En diamans et pierres précieuses	7,000,000
En soieries	20,000,000
En laine	150,000,000
En coton	7,000,000
En cuirs et peaux.	30,000,000
En eau-de-vie, barilla, savon, raisin et acides.	156,000,000
Sel, drogues, et denrées coloniales.	110,000,000
	480,000,000

Le montant des achats faits par l'Espagne à l'étranger, consistèrent pendant la même année.	
En bijoux, verreries, papier, meubles, parfumeries, draps et toiles pour.	480,000,000
En vin, cuivre, grains, peaux	
A reporter.	480,000,000

Report.	480,000,000
tannées et comestibles	240,000,000
En chanvre, racine, goudron, lin, bois, ferreterie, étain, et drogues	160,000,000
	880,000,000

Nous avons entièrement omis dans ces évaluations, le mouvement commercial entre l'Espagne et ses colonies d'Amérique. Le chiffre auquel il s'élevait, représentant en grande partie les gros bénéfices attachés au monopole que le système colonial attribuait à la métropole, nous avons cru devoir supprimer une appréciation désormais en dehors des élémens ordinaires de la richesse et du revenu de l'Espagne. Mais l'on pourra se former une idée de l'importance comparative de son commerce sous le régime colonial et dans l'époque actuelle, en sachant que le montant réuni des importations et des exportations pour tous les pays du globe, s'éleva en 1792 à 600 millions de francs environ, tandis qu'il a été dans l'année 1829, de 180,037,000 francs.

La *Junta de medios*, formée à Cadix en 1811

1812 et 1813, et chargée par le gouvernement de la rédaction d'un nouveau plan de finances, évalue le capital possédé par les négocians espagnols en y comprenant celui qu'emploient la pêche et la navigation, à 5 millions de réaux. Les profits annuels de ce même capital, mis en mouvement par l'industrie des classes qui le font valoir, est estimé à 466,363,516 réaux.

Sous le double rapport de leur utilité comme moyen d'échange, et de leur valeur comme marchandise, les métaux précieux constituent une des branches les plus importantes de la richesse publique.

Possédant sur cette matière les calculs du savant Don Manuel de Lamas, contrôleur général des hôtels de monnaie du royaume, et aidés des travaux de M. Canga Arguelles, nous avons été mis à même de constater qu'il circulait en Espagne en 1814, en or et en argent monnayés, pour une somme d'environ six milliards et demi de réaux.

Partant maintenant de ces données générales et nécessairement sommaires, pour arriver à l'évaluation la plus rapprochée de l'importance des capitaux possédés par la nation espagnole, et profitant des laborieuses recherches de

MM. Beramendi, Chone et Viton, membres eux-mêmes de la *Junta de medios*, nous nous aventurons à présenter le résultat suivant, le premier que nous sachions obtenu sur cette importante matière.

Résumé statistique des forces productives de l'Espagne, considérée dans l'état présent de son agriculture, de son industrie et de son commerce.

CAPITAUX.			PRODUITS.	
Réaux vellon.	Francs.		Réaux vellon.	Francs.
68,671,394,866	18,300,926,731	Capital territorial et agricole...........	8,572,220,591	2,284,496,787
3,754,774,659	1,000,647,446	Valeur des objets employés à l'agriculture.		
6,167,283,633	1,643,581,088	Capital employé en manufactres et métiers.	1,356,802,435	361,587,848
17,495,770,000	4,662,622,705	Valeur des maisons.................	700,000,000	186,550,000
650,000,000	173,225,000	Capital employé en salaires...........	19,500,000	5,196,750
95,800,000	25,530,700	*Id.* en gages de domestiques........	4,790,000	1,276,535
860,000,000	229,190,000	*Id.* représenté par les professions de médecin, avocats, avoués, huissiers, etc.	258,000,000	68,757,000
5,000,000,000	1,332,500,000	Capital possédé par le commerce........	466,363,516	124,285,877
6,473,476,842	1,725,181,578	Numéraire en circulation..............	321,673,742	85,726,052
653,690,000	174,208,385	Valeur des monastères, couvens, églises et autres édifices.....................	Nul.	
64,336,889	17,145,780	Canaux en construction...............	2,600,000	692,900
1,000,000,000	266,500,000	Ponts, routes, aqueducs...............	30,000,000	7,995,000
110,886,526,889	29,551,259,413		11,731,950,284	3,126,564,749

N. B. Ne sont pas compris dans cet état les capitaux représentés par les terres en friches et incultes, non plus que la valeur des mines non exploitées.

CHAPITRE IV.

—

DE LA DETTE PUBLIQUE ESPAGNOLE.

Un vénérable écrivain français a accrédité l'erreur que dans la vieille Espagne, c'était une maxime reçue et mise en pratique de ne reconnaître, ni payer les dettes contractées par les prédécesseurs du roi régnant.

En cela, M. le comte de Tracy a pris l'opinion des théologiens courtisans des successeurs de Charles V pour des principes admis de droit national.

L'histoire rend témoignage au contraire, que les princes espagnols antérieurs au xve siècle, poursuivirent leur longue, opiniâtre et coûteuse lutte pour l'expulsion des Maures, sans contracter aucune dette. Intimement liés à leurs peuples dont ils étaient les chefs aimés et bienveillans, nos rois traitaient avec les députés des corporations et des villes, sur les besoins de l'État, et d'accord avec eux, adoptaient les mesures à prendre, lesquelles une fois résolues, étaient mises à exécution avec autant de promptitude que de dévoûment.

Charles V et ses successeurs altérèrent cet heureux système par leur penchant au despotisme et leur aversion pour les anciennes franchises nationales. Voulant éluder la réunion des assemblées représentatives, si antipathiques aux rois de la dynastie autrichienne, ces princes préférèrent obtenir par la voie des emprunts et par l'entremise des spéculateurs étrangers, l'argent dont ils eurent besoin pour soutenir les guerres allumées par leur ambition.

Le mode le plus usité de se procurer de l'argent aux XVIe et XVIIe siècles, fut la constitution de rentes concédées à perpétuité et spécialement affectées sur des branches particulières du revenu. Ces rentes étaient calculées sur le pied de 1000 maravédis ou réaux de rente pour un capital une fois versé, lequel s'éleva depuis 14000 jusqu'à 30 mille réaux inclusivement.

Le montant de la dette ainsi créée par Charles V, Philippe II, Philippe III, Philippe IV, Charles II, s'éleva à des sommes considérables. Mais par une mesure aussi violente qu'impolitique et injuste, adoptée en 1605, on réduisit forcément les intérêts de la dette. Déjà victimes de cette violation manifeste de la foi publique, les détenteurs de *Juros* se virent encore soumis à une odieuse classification. On les divisa en plusieurs catégories, les titres possédés par l'*inquisition*, les jésuites et les confréries religieuses n'éprouvèrent aucune réduction, tandis que les simples particuliers se virent rejetés dans d'autres catégories, et condamnés à perdre depuis trois quarts jusqu'à 5 pour cent de leur revenu.

A la mort de Ferdinand VI, prince qui, comme nous l'avons dit, laissa 300 mille de réaux en numéraire dans les caisses de l'état, après avoir couvert toutes les charges publiques, la totalité de la dette de la couronne ne s'élevait qu'à la somme de 1,260,521,565 de réaux pour laquelle le trésor payait un intérêt annuel de 17,152,733.

Ainsi donc l'énorme dette qui aujourd'hui pèse sur la nation espagnole a été l'œuvre presque exclusive des règnes de Charles III, de de Charles IV, et de Ferdinand VII.

Voici la proportion dans laquelle chacun de ces princes a contribué à l'accroître.

Pour subvenir aux dépenses de la guerre contre l'Angleterre, Charles III créa des *vales réales*, espèce de bons du trésor, ou de billets de l'échiquier portant intérêt à 4 pour cent; il en fut émis pour 436,285,258 réaux, lesquels réunis à environ 300 millions hypothéqués sur diverses branches spéciales du revenu portent la dette totale à la mort de ce prince à 2 milliards 64 millions de réaux.

La guerre de la première coalition contre la France à laquelle Charles VI se laissa imprudemment entraîner, coûta à l'Espagne dans deux ans seulement l'énorme somme de quatre milliards sept cents millions de réaux ; celle plus funeste encore où son alliance avec la France l'entraîna contre l'Angleterre, coûta 4,268,07,263 réaux.

Les revenus de l'État, les dons faits par les citoyens à l'occasion de la première de ses guerres, les remises reçues de l'Amérique n'ayant couvert que la moitié de cette dépense, on eut recours à de nouvelles créations de valès, elles s'élevèrent à un milliard; le déficit fut comblé par des emprunts contractés en Espagne, en France, et en Hollande.

Les prodigalités et les malversations de la cour de Charles IV, les durs sacrifices imposés à ce prince par la coûteuse amitié de la France, forcèrent le gouvernement à recourir à de nouveaux expédiens; il s'empara des biens des hôpitaux et des fondations de charité pour près de deux milliards. Sous prétexte de les appliquer à éteindre la dette, il en dissipa le produit. L'Etat constitué débiteur des établissemens dépossédés, dut leur servir un intérêt annuel de 3 pour cent.

Ces différentes ressources étant restées au-dessous des besoins insatiables de ce déplorable règne, on s'en prit aux utiles établissemens créés par les ministres éclairés de Charles III, et dont la naissante prospérité promettait les résultats les plus heureux. Les rapports imposés par le gouvernement à la banque ainsi qu'à la puissante compagnie de commerce dite *los cinco Gremios*, absorbèrent les capitaux de ces grandes associations dont tout l'actif fait aujourd'hui partie de la dette publique, et représente une somme de près de cinq cents millions de réaux. Ajoutant à ces obligations le milliard auquel s'élevait en 1808 la dette flottante du trésor. Nous aurons environ 4 milliards ajoutés par Charles IV à la dette de la nation.

La désastreuse guerre dite de l'indépendance, après avoir anéanti ou dispersé la majeure partie des capitaux mobiliers, greva le pays de 3 milliards et demi montant dû en 1820 pour emprunts faits durant la lutte, fournitures et vivres consommées par les armés, ainsi qu'arriérés de pensions, appointemens d'employés, etc.

La constante mauvaise administration, les besoins extraordinaires et la pénurie qui signalèrent la période de la première restauration, laquelle embrasse les six années écoulées depuis 1814 jusqu'à la révolution de 1820, augmentèrent la dette d'environ deux milliards de réaux, sans compter les accumulations provenant des arrérages de la dette antérieure, lesquels n'étant pas payés augmentaient tous les ans le capital d'une manière effrayante.

La période constitutionnelle a ajouté à ce fardeau les charges suivantes.

Reconnaissance des emprunts contractés en Hollande par le gouvernement de Charles IV.	174,356,000
Intérêts des dits. . . .	89,631,418
Emprunt au commerce espagnol.	72,397,500
Emprunt négocié à Paris, avec la maison Laffitte, pour couvrir le déficit de l'année 1820.	256,800,000
Primes affectées au même.	43,200,000
Emprunt dit National, 1821, commencé en Espagne, et complété à l'étranger. . .	140,000,000
Emprunts négociés en 1822 à 1823.	400,000,000
TOTAL.	1175,384,918

Cette somme composait pour ainsi dire la seule dette courante de l'Espagne sous le régime constitutionel, c'était du moins l'unique dont les intérêts grevassent le trésor, ainsi que nous l'avons indiqué, la dette antérieure à l'année 1820 se payant en biens nationaux.

Nous ignorons jusqu'à quelle latitude le gouvernement constitutionnel a pu user de la faculté que lui conférèrent deux décrets des cortès, l'un en date du 29 juin 1822, l'autre du 5 décembre de la même année. Le premier portait création de 50 millions de rente, 5 pour cent, dont le produit devait être exclusivement destiné aux besoins de la marine; le second autorisait l'émission de 40 millions, rentes 5 pour cent; la destination n'en était pas indiquée dans le décret, mais il est connu que cette mesure avait pour objet de mettre le gouvernement à même de se préparer à la guerre dont le menaçait déjà l'inimitié des puissances.

La dernière de ces dispositions législatives servit de base au traité d'emprunt intervenu plus tard entre le gouvernement et la maison Bernalès. L'opération manqua à la vérité, mais une partie des rentes émises profita au gouvernement, et nous croyons savoir qu'une assez forte somme provenant de la même source, se trouve actuellement déposé à la banque d'Angleterre, pour le compte des ayans-droit.

Les 50 millions de rente créés en vertu du décret du 23 juin 1822, furent employés en grande partie à la conversion des emprunts contractés par le gouvernement constitutionnel, et remboursables à terme ; circonstance qu'il était bien aise d'éloigner pour ne pas augmenter les embarras pécuniaires, où ne tardèrent pas à le jeter le mauvais vouloir de la France et le mécontentement des populations.

L'Europe entière connaît le scandale du décret du 1er octobre 1823, par lequel le roi Ferdinand, à peine sorti de Cadix, proclama sa propre honte en annulant en masse tous les actes du gouvernement dont il avait été le chef.

Débarrassé de la dette constitutionnelle aux termes de ce décret anti-social, la restauration le fut également de la dette antérieure à la révolution par la double impuissance où elle se trouvait d'en servir les intérêts, comme d'en éteindre le capital. Mais jalouse alors en sa qualité de royauté absolue de participer aux avantages du système de crédit public organisé par la haute banque depuis la paix générale et par elle mis au service des cabinets, la restauration espagnole ne pardonna aucun moyen de s'en approprier les avantages, elle mit tout en œuvre pour ouvrir à son papier l'accès des grands marchés des fonds publics.

Pour mieux atteindre ce but, le parti qui dirigeait les conseils du roi Ferdinand, fit grand étalage de son retour aux principes d'une bonne administration. Le rétablissement de l'ancienne caisse d'amortissement lui parut le moyen le plus assuré d'arriver au résultat qu'il avait en vue.

Le décret du 24 mars 1824 organisa cette caisse sur un pied à peu près semblable à celui qu'elle avait eu sous Charles IV, lorsque le gouvernement, par cela même qu'il ne vivait que d'emprunts et de ressources extraordinaires, soutenait à tout prix les opérations de la caisse devenue l'instrument de ses négociations.

Quatre-vingts millions de réaux, successivement augmentés par de nouvelles dotations, furent assignés par le décret du 24 mars 1824 à la caisse d'amortissement. Pour inspirer plus de nouvelle confiance aux capitalistes naturellement si méfians à l'égard d'un gouvernement qui les a si souvent trompés, les habiles qui conduisaient les opérations financières de la restauration, séparèrent l'administration de la caisse de celle des revenus publics. Ils espéraient ainsi sauver l'instrument de leurs trames, du discrédit qui frappait les opérations du trésor. La caisse régit donc directement les ressources qui lui étaient assignées, sans jamais les confondre avec les recettes ordinaires de l'État.

Ce système, s'il n'avait été expressément conçu et établi comme une matière à emprunt, comme l'élément qui devait populariser les opérations sur les fonds publics ; s'il n'avait eu pour résultat d'introniser une Bourse à Madrid et de communiquer aux Espagnols le goût et la passion effrénée du *jeu* sur les rentes, sans ces inconvéniens, disons-nous, ce système n'était pas mauvais en lui-même, car il donnait à l'amortissement une base réelle, pourvu toutefois que l'État adoptât en même temps une telle économie, qu'il eût couvert ses dépenses courantes avec l'excédant réel des recettes ordinaires.

Mais la pensée créatrice de ce système, système dont la constitution n'a pas encore changé, était celle d'assurer dans un intérêt d'agiotage le succès des opérations sur lesquelles devait s'appuyer le renouvellement indéfini d'une série d'emprunts ruineux pour le pays, decevans et trompeurs pour les intéressés eux-mêmes.

La caisse d'amortissement ou en d'autres termes le gouvernement espagnol qu'elle représente, a employé jusqu'ici exclusivement ses ressources non pas au service de la dette publique proprement dite, mais à celui de la dette particulière, créée par le gouvernement royal après la chute des Cortès. Cette dette se compose :

1° Des emprunts et émissions de rentes postérieures à l'année 1823, dont plus loin nous donnons l'énumération.

2° De six cents millions du capital *des valès Realès*, inscrits au grand-livre, avec jouissance d'intérêt à 4 pour cent (1).

3° De la créance provisoirement reconnue en faveur de la France, comme indemnité de l'occupation qui protégea l'établissement et la consolidation du *despotisme royal*.

4° Des six cents millions d'indemnités accordées à l'Angleterre.

5° De la très-faible partie des emprunts de

(1) Chaque année la voie du sort désigne la portion de *valès* qui est appelée à la consolidation.

cortès admise à la conversion par suite du décret autographe du 21 février 1831.

Il résulte donc que le gouvernement espagnol paye seulement les intérêts d'une faible partie de sa dette, tandis que la presque totalité de la dette intérieure et une partie considérable de la dette étrangère se trouve méconnue et en souffrance. La préférence dont jouissent les cinq espèces de créances que nous venons d'énumérer ne leur a été accordée ni en raison de la priorité des titres, ni par des considérations puisées dans la moralité de ces dettes. C'est sur des raisons purement politiques que s'étaie le système de crédit fondé par la restauration. Tant que le parti dont elle partagea les fureurs a gouverné le pays, tant que MM. Zambrano et Calomarde étaient maîtres des affaires, rien de si conséquent que d'en agir avec l'emprunt Guebhard comme s'il y allait de l'honneur de la royauté. C'était fort naturel que Ferdinand jugeât sa dignité personnelle engagée à soutenir les rentes perpétuelles émises à Paris et à Amsterdam, en vertu de décrets autographes écrits en entier de sa main et par lui remis à ses amis et confidens.

Mais, après le changement d'hommes et de

choses qui vient de s'opérer en Espagne; lorsque le gouvernement de la régente puise toute sa sécurité et sa force dans un franc retour aux principes de droit national, trop long-temps étouffés par le régime dont la durée a été en partie l'œuvre du système financier encore existant, il est temps d'examiner jusqu'à quel point l'honneur, la justice et la moralité du pays peuvent s'accommoder d'un état de choses dans lequel les dettes contractées pour asservir les libertés publiques, seraient considérées comme plus sacrées, et jouiraient d'une préférence dont sont exclues les obligations contractées par l'organe des mandataires de la nation.

Dès qu'il s'agit de faire rentrer l'Espagne dans les conditions régulières du crédit, la question doit embrasser la totalité de sa dette, admettre sur le même pied les obligations contractées de bonne foi, n'importe par lequel des différens régimes qui se sont succédé depuis le commencement du siècle. Dès lors, il est nécessaire de remonter à l'origine de ces différentes dettes, d'en examiner les titres moins pour en contester la validité que pour leur assurer une part égale dans le partage commun.

Mais avant que de procéder à l'évaluation

de la dette et de consigner le résultat de nos calculs sur cette importante matière, allons au devant de l'objection qui pourra être opposée au système que nous avons suivi.

En rangeant sous la dénomination de *juros, de vitalicios, de temporalidades* et autres semblables les différentes classes de créances dont se compose la dette, on pourra nous objecter que ces valeurs n'ayant plus *cours légal en* Espagne, nous énumérons des dettes imaginaires, des fonds dont l'existence financière a réellement cessé.

La seconde restauration, qui, comme nous l'avons dit, éleva un grand échafaudage de crédit plutôt pour faire des dupes et satisfaire des vues cupides que dans la loyale pensée d'améliorer le sort des créanciers de l'État, ordonna qu'à l'avenir toute la dette serait refondue en deux uniques classes désignées sous la dénomination de *dette inscrite portant intérêt, et certificats de la dette sans intérêts*.

En conséquence les porteurs de titres primitifs de différente origine tels que *obras pias, vitalicios, gremios mayores, fianzas*, ont dû les échanger sous peine de déchéance contre la nouvelle valeur offerte par Ferdinand.

En fait, cet échange n'a ni amélioré la position

ni diminué le nombre des créanciers nationaux lesquels demeurent toujours privés du paiement de leurs arrérages, ce que le pays devait sous différentes dénominations, il le doit maintenant sous une seule.

Mais le gouvernement royal n'a pas rendu public le résultat de sa conversion de titres anciens contre les nouveaux, les données qu'il aurait pu fournir à ce sujet nous auraient d'ailleurs difficilement inspiré la même confiance que le travail qui servit de base au décret de reconnaissance de la dette nationale par les cortès de 1820. Aussi avons-nous pris ce travail pour guide de nos recherches, et c'est sur lui que nous fondons les développemens qui vont suivre. Une autre considération, non moins puissante, nous a engagé également à préférer cette méthode.

Une partie de la dette intérieure fut amortie sous les cortès, au moyen d'achat de biens nationaux. A la restauration, ces biens ont été rendus soit au clergé, soit au domaine public et les acquéreurs se sont vu dépouiller sans indemnité. Pour comble d'injustice, les créances de la *couronne* qu'ils avaient données en payement de leurs acquisitions, ont continué à être considérées comme éteintes, c'est-à-dire, que la couronne prétend devoir en moins toute la somme employée en achat de propriétés nationales, en même temps qu'elle enlève à ses créanciers le gage qui leur servit de payement.

Cette mesure sauvage ayant été considérée par la royauté comme une juste punition de la constitutionalité des acquéreurs des biens nationaux, jamais elle n'a rétabli les créances originairement dues par elle, d'où il résulterait qu'un état de la dette intérieure formé aujourd'hui sur les données officielles que fournirait la caisse d'amortissement, exprimerait deux ou trois milliards en moins, seulement sur le chef que nous venons d'indiquer. D'un autre côté, l'arbitraire du pouvoir a forcé quelques uns des établissemens placés sous sa dépendance, tels que l'ancienne banque de St-Charles et la compagnie de Philippines, à accepter des liquidations onéreuses.

Ainsi on a obligé la banque à qui on devait 262 millions, à prendre en 44 pour solde. La compagnie a vu également sa créance arbitrairement réduite.

Ces faits auxquels nous pourrions ajouter beaucoup d'autres, suffisent pour démontrer qu'on a usé de violence à l'égard des créanciers nationaux. Relativement à eux la banqueroute se trouvant en partie consommée, il résulterait si, considérant comme prescrites de semblables mesures, on admettait les autres classe de créanciers à des conditions plus favorable ou seulement différentes, qu'on sanctionnerait u système partial et privilégié, qu'on se rendrai les continuateurs et les complices de la mauvais foi et de l'arbitraire, si amèrement reproché au système détruit.

Au contraire les actes émanés des cortè ayant spécifié et reconnu toute la dette nationale de son côté la royauté loin d'en avoir acquitt aucune partie ayant frustré les droits des créanciers régnicoles, l'Espagne actuelle est en droi de repousser le système qui admettrait cette injuste lésion au profit des créanciers étrangers Pour dire en un mot toute notre pensée, l'ancien gouvernement ayant fait banquerout aux créanciers espagnols, il ne saurait êtr sérieusement question de *payer* les dettes contractées à l'étranger par la royauté absolue, san revenir sur des mesures attentatoires des droit des créanciers nationaux.

Nous croyons en avoir dit assez pour justifie

le système que nous allons suivre relativement à la classification de la dette publique espagnole.

Afin que les calculs que nous aurons à établir empruntent ce caractère d'authenticité qui seul fait autorité en matière de finances, nous les faisons précéder d'une série de documens dont les uns par leur nature officielle, les autres par le soin et l'exactitude qui ont présidé à leur rédaction, serviront de fondement et d'appui à notre estimation générale de la dette.

Voici d'abord d'après les données officielles qui ont servi de base au décret des cortès du 9 novembre 1820, quel était le montant des obligations à la charge de la nation au moment où l'invasion des armées françaises et les abdications de Bayonne entraînèrent la dissolution du gouvernement.

État démonstratif de la dette publique espagnole arrêtée au 18 mars 1808.

CAPITAUX.		INTÉRÊTS annuels.
Réaux vellon.		Réaux vellon.
1,260,521,565	Juros....................	17,152,733
195,518,867	*Alcavalas* aliénées..........	
43,307,901	Charges vendues............	6,000,000
43,880,518	Service ordinaire (charges vendues..................	
250,000,000	Indemnités pour diverses charges incorporées à la couronne.	6,608,327
30,000,000	Dot de l'infant don Pedro.....	937,500
88,552,547	Créances de Philippe V......	2,750,311
91,671,055	Rentes sous Ferdinand VI.....	
1,889,867,152	Vales réales (règnes de Charles III et Charles IV.......	75,341,000
1,853,476,402	Propriétés vendues par l'Etat, appartenant aux hospices et fondations pieuses, et dont il s'est engagé à servir des intérêts à 3 p. %..............	50,131,056
260,000,000		17,144,000
31,750,000	Emp. contractés en Hollande..	
20,000,000	Emprunts contractés à Paris...	
50,000,000	Emprunts nationaux, négociés de 1781 à 1805...........	25,661,768
150,000,000		
32,000,000		
83,000,000	Dépôts dont l'Etat a usé......	1,200,000
30,537,065	Emprunts sur délégation de la branche de revenu, dite *Temporalidades*	
200,000,000		916,128
31,224	Empr. sur le revenu des tabacs.	6,024,701
300,000	Emprunt de Canillejas.......	1,240
	Emprunt pour les constructions de l'Escurial.............	9,000
3,703,172	Cautionnemens	111,095
93,000,000	Rentes viagères	13,777,674
73,822,618		
91,000,000	Rentes perpétuelles..........	2,750,311
108,216,456	A la compagnie dite de *los Cinco gremios.*	4,892,834
262,622,717	A la Banque de Saint-Charles..	13,131,335
21,167,828	Emp. pour le canal de Tauste..	846,713
43,726,912	A la compagnie de Philipines..	2,186,345
66,717,627	Pour fonctionnaires à l'armée..	3,335,881
6,876,396,675		250,909,952

Le décret des cortès du 9 novembre 1820 portant reconnaissance de la dette nationale adopta, sauf quelques légères variations le chiffre que nous venons de donner comme celui du montant de la dette inscrite et jouissant d'intérêt. Un autre tableau joint au même décret contient le relevé des arrérages échus provenant des créances dont nous venons de donner l'énumération.

Le montant de ces arrérages s'élevant à environ trois milliards fut également reconnu par les cortès comme faisant partie de la dette publique,mais sans jouissance d'intérêt.

Appliquant la théorie de cette assemblée représentative à la liquidation de toute la dette actuellement existante, nous avons dû joindre à la somme des arrérages échus en 1820 celle des intérêts accumulés depuis cette époque sur les créances de toute nature demeurées en souffrance; c'était le seul moyen d'arriver à une appréciation exacte de l'étendue de la dette. annuelle. Quel que soit le sort final qui pourra écheoir aux capitaux représentés par l'énorme masse d'arrérages échus et non payés, il ne nous était pas permis d'en méconnaître l'importance.

Au contraire, en mettant à même de l'apprécier au moyen du relevé suivant, nous croyons réunir un des élémens les plus essentiels pour arriver à la future liquidation de la dette espagnole.

État démonstratif de la dette accumulée en raison d'arrérages échus et non payés.

DETTE INTÉRIEURE.

Sommes dues jusqu'en 1818. (Documens officiels.)

	Réaux vellon.
Intérêts des *juros*	258,489,780
id. d'emprunts divers	529,345,680
id. d'emprunts antérieurs à l'année 1781. . .	19,840
id. de l'emprunt de Canilleja.	9,000
id. de rentes viagères	163,225,088
id. de rentes sur le tabac	72,997,709
id. de dépôts.	12,000,000
A reporter. . . .	1,036,086,097

	Réaux vellon.
Report.	1,036,086,097
Intérêts des *Temporalidades*.	75,133,198
id. aux *Gremios*. . .	89,186,194
id. à la banque. . .	230,131,334
id. de vales rèales et *obras pias*	1,771,462,000
id. de crédits divers.	22,531,705
id. sur fournitures .	303,358,810
id. de l'emprunt du canal d'Aragon.	8,467,130
	3,536,357,468

De 1818 à 1833.

Montant des intérêts accumulés pendant quinze ans sur le capital des dettes existantes et reconnues en 1820 (calcul approximatif). . .	4,135,351,453
Intérêts sur le capital des emprunts faits par le gouvernement, les communes et	
A reporter. . . .	7,671,708,922

	Réaux vellon.
Report.	7,671,708,922
les Provinces, pendant la guerre contre Napoléon.	1,385,000,000
Intérêts sur le capital des dettes contractées par la première restauration . .	130,000,000
Intérêts sur le capital des confiscations et séquestres souffertes par les constitutionnels auxquels il est dû une indemnité	150,000,000
Total des intérêts accumulés de la dette intérieure. . .	9,336,708,922

DETTE EXTÉRIEURE.

Montant de dix années d'arrérages sur les emprunts constitutionnels . . .	811,493,374
Grand total . .	10,184,202,296

Le chiffre de la dette flottante ainsi que celui du capital provenant des arrérages de la dette intérieure, ont dû à la vérité souffrir une réduction notable, soit en raison de la perte ou de la destruction de beaucoup de titres réputés sans aucune valeur, en conséquence de la dépréciation où étaient tombés ces fonds ; soit en raison du retour fait à l'État, des créances possédées par les communautés religieuses supprimées en 1820 ; soit enfin par suite de l'abandon de leurs droits fait au profit de l'État par un très grand nombre de particuliers et principalement de fonctionnaires publics.

Les certificats de la dette sans intérêt ne se sont jamais élevés depuis quinze à vingt ans au-dessus de 6 pour cent de leur valeur nominale. La plupart du temps ils se sont vendus à 3 et 4 pour cent.

Depuis son rétablissement, la caisse d'amortissement avait annoncé le projet d'employer 8 à 10 millions de réaux au rachat de ce fonds, ce qui lui permettait d'amortir environ 200 millions annuels. Suivant cette promesse elle aurait dû racheter jusqu'à ce jour environ 2 milliards. Nous comptions qu'il en aurait été ainsi, et en conséquence nous nous proposions d'admettre dans nos calculs l'évaluation de la réduction opérée par ce moyen dans la dette sans intérêt, lorsque nous avons appris de la source la plus compétente et la plus digne de foi que la caisse d'amortissement avait dans plusieurs occasions négocié à son profit la dette rachetée, et remis ainsi en circulation les fonds que le public jugeait amortis.

De semblables supercheries caractérisent assez l'établissement qui les a pratiquées. Elles nous ont mis en garde contre ses rapports officiels, et nous ont fait persévérer dans la résolution déjà prise de nous en rapporter entièrement aux travaux des comités des cortès, suspectant jusqu'à ce que le contrôle de la publicité les vérifie et les épure, les rapports et les assertions des auteurs du système de crédit adopté par la restauration (1).

(1) Lorsque nous travaillions à la rédaction de cet ouvrage, nous crûmes qu'il était de notre devoir de vérifier auprès du bureau établi à Paris, sous la dépendance de la caisse d'amortissement, les données que nous étions dans le cas de produire, relativement aux opérations de nature officielle et publique que ce bureau a mission de remplir. Comme nous supposons que l'employé qui le dirige, mal servi par ses habitudes commerciales, a cru agir conformément à un intérêt public, en refusant les renseignemens demandés dans le but de constater le chiffre des obligations payables par la caisse à l'étranger, il est dû au zèle dont M. Luis Encima y Piedra a fait preuve en faveur des traditions d'irresponsabilité et de mystère, de ne pas se refuser au témoignage de l'accueil fait par lui aux droits réclamés au nom de la publicité.

A la suite des deux documens que nous venons de produire et comme pièce justificative du tableau général de la dette publique espagnole, nous allons joindre le relevé des obligations mises à la charge de l'Espagne par le déplorable système suivi par la restauration.

État démonstratif des emprunts contractés, et des rentes émises par le gouvernement royal depuis 1823.

Capital. — ...aux vellon.	Capital. — francs.		Intérêts. — Réaux vellon.	Intérêts. — Francs.
,000,000	44,000,000	Emprunt Guebhard	24,700,000	6,175,000
,600,000	136,682,000	Rente perpétuelle émise à Paris	30,990,000	7,747,777
,000,000	115,000,000	Rente perpétuelle émise à Amsterdam	27,000,000	6,750,000
,000,000	80,000,000	Dette reconnue à la France	16,000,000	4,000,000
,000,000	15,000,000	Indemnités anglaises	3,000,000	750,000
,666,666	166,666,666	Rente 3 p. 100	20,000,000	5,000,000
,000,000	120,000,000	Dette différée provenant de la conversion volontaire des emprunts des cortès	720,000	180,000
,266,666	677,448,666		122,410,000	30,622,777

N. B. On ne comprend pas dans le présent état la fraction de la dette intérieure consolidée par la restaura-[illegible], attendu que la totalité de cette même dette figure en entier dans le résumé général que nous donnons à con-[illegible]ation.

Maintenant que les élémens constitutifs de la dette se trouvent sous les yeux du lecteur, il ne nous reste qu'à les rassembler dans un seul cadre et à offrir avec le résultat de nos calculs la détermination du chiffre des obligations de toute nature qui engagent la responsabilité du peuple espagnol.

t approximatif du montant de la dette publique espagnole liquidée ou non liquidée au 31 décembre 1833.

CAPITAUX.		DETTE PORTANT INTÉRÊT.	INTÉRÊTS.	
r vellon.	Francs.		Réaux vellou.	Francs.
,396,675	1,719,099,165	Dette antérieure au 18 mars 1808. (*V.* page 80)........	250,909,952	62,724,988
,000,000	50,000,000	Dettes contractées par la première restauration.......	10,000,000	2,500,000
,987,418	405,746,879	Emprunts constitutionnels, déduction faite du cinquième converti...........................	84,000,000	24,000,000
,266,666	677,448,666	Emprunts de la deuxième restauration.............	122,410,000	30,622,777
,000,000	80,000,000	Créance provisoirement reconnue à la France........	16,000,000	4,000,000
,000,000	15,000,000	Certificats Ofalia (dette anglaise).................	3,000,000	750,000
,000,000	10,000,000	Indemnités françaises, perçues par le gouvernement en vertu du traité de Paris de 1815.................	2,000,000	500,000
,104,892	74,021,223	Liquidation de la *junte de reemplazos*, déduction faite de 90 millions compris dans l'évaluation de la dette créée par la première restauration...............	92,026,223	23,006,505
,475,651	3,031,315,933	Total de la dette inscrite et liquidée................	580,346,175	148,104,270

DETTE NON LIQUIDÉE.

,000,000	825,000,000	Montant des fournitures, arriérés de solde, indemnités et dépenses générales de la guerre de l'indépendance.	99,000,000	24,750,000
,000,000	125,000,000	Montant des indemnités dues pour confiscations et spoliations éprouvées par les citoyens depuis 1814	25,000,000	6,250,000
.475,611	3,981,315,933	Total de la dette jouissant des intérêt...............	704,346,175	179,104,270

DETTE SANS INTÉRÊTS.

	CAPITAL.	
	Réaux vellon	Francs
de la dette jouissant d'intérêt..................................	15,864,475,611	3,981,315,933
it des arrérages de la dette publique (*V.* page 84.)..........................	10,148,202,296	2,537,050,574
lottante du trésor, antérieure au 18 mars 1808..........................	495,630,985	123,655,243
de la première restauration..................................	900,000,000	225,000,000
du gouvernement constitutionnel et de la deuxième restauration	500,000,000	125,000,000
Grand total de la dette publique actuelle	27,908,308,892	8,992,021,750

L'on voit que le chiffre légal de la dette publique espagnole est de beaucoup supérieur à l'estimation qui lui avait été donnée par les meneurs de la restauration. Leur grande affaire ayant été de capter la confiance des capitalistes étrangers, ils se sont efforcés de persuader que le passif de la caisse d'amortissement composait tout le passif de la nation. La presse d'Angleterre et de France, trompée par l'imperturbable assurance de ces assertions ont accrédité l'erreur en la propageant, et l'on est arrivé à ce point que les personnes qui pensent être le mieux informées sur les finances d'Espagne, se sont crues en état d'apprécier sa dette publique en additionnant ensemble le montant des emprunts constitutionnels et celui des obligations reconnues par le roi Ferdinand.

Encore une fois, la restauration n'a fait que les affaires de son parti sans se soucier de celles de la nation. La spoliation des créanciers régnicoles a été le grand moyen dont elle s'est servie pour élever le crédit factice qu'elle était parvenue à se créer à la Bourse de Paris. Les études de nos publicistes sur la dette publique et le crédit espagnol demandent à être rectifiées. C'est dans ce but que nous écrivons.

CHAPITRE V.

—

DES RESSOURCES QUE POSSÈDE L'ESPAGNE POUR ÉTEINDRE SA DETTE.

A la différence des nations où se sont développés les principes qui régissent le crédit public des états modernes et d'après lesquels l'impôt est la seule garantie des dettes nationales, l'Espagne offre pour la liquidation de la sienne, la triple hypothèque du capital social, composé de l'agrégation de toutes les fortunes individuelles, du patrimoine public résultant de l'existence dans ce pays encore intacte de l'établissement ecclésiastique, celle enfin des propriétés et terres non appropriées qui font actuellement partie du domaine de l'État.

La première et la plus importante de ces trois hypothèques n'offre cependant pas des ressources de nature à être employées à l'extinction totale et immédiate de la dette.

La politique et la justice s'opposent également à distraire des mains de la propriété privée le capital nécessaire au remboursement intégral. En échange, le capital social, qui combiné avec le travail est l'élément réel de la production, fournit par l'impôt au service des intérêts de la dette et satisfait les droits des créanciers sans prendre une part trop grande de l'agent reproductif.

Au contraire, les deux autres hypothèques représentant un capital considérable en même temps que leur revenu est comparativement modique, et constituant en outre un patrimoine pour ainsi dire public, peuvent être converties en fond d'amortissement avec le double avantage de soulager l'État du fardeau des obligations à sa charge, et d'accroître, en les soumettant à l'active agence de l'intérêt privé, la valeur de propriétés auparavant négligées ou incultes.

Les cortès nationales apprécièrent cette situation et cherchèrent à en tirer parti dans le décret du 9 novembre 1820.

En proclamant la reconnaissance de l'intégralité de la dette nationale et ordonnant son acquittement immédiat, cette assemblée offrit aux créanciers de l'État de choisir entre la consolidation de leurs titres, ou leur payement en biens-fonds. Dans le premier cas le capital des créances était inscrit sur le grand livre de la dette avec jouissance d'intérêts proportionnels, au produit des revenus et ressources appliqués à la consolidation; dans le second on admettait les créances pour leur valeur nominale en payement des biens nationaux mis en vente au profit exclusif de l'amortissement.

Ainsi donc, par le fait des conditions propres à l'économie intérieure de l'Espagne, comme en raison des précédens, qui ressortent de sa législation, la dette publique repose à la fois sur le double soutien de l'impôt et des propriétés publiques, naturellement destinées à être le gage des obligations de l'Etat.

La mesure dans laquelle l'impôt peut contribuer à faire face au service des arrérages, ne saurait être fixée avec connaissance et maturité, avant que les réformes politiques et sociales à peine commencées en Espagne n'aient reçu leur entier développement. La manière dont elles s'effectueront, le mécanisme de leur action pratique, doivent nécessairement exercer une grande influence sur le résultat définitif des prévisions financières.

L'expérience de plusieurs siècles, celle plus récente et moins récusable des derniers règnes, prouve qu'avec son système actuel d'économie publique, l'Espagne ne peut atteindre la force de production et le degré de prospérité que ses ressources comportent, et dont l'absence la place en dehors des conditions de richesse et de crédit qui constituent la puissance des autres Etats.

La réforme économique sera inefficace, insuffisante, incomplète tant que la réforme politique n'aura pas été effectuée. Or, avant la réforme économique, il serait absurde d'espérer que les revenus sortent de leur présente, chétive et misérable condition. Un accroissement considérable dans les recettes ne pouvant donc être considéré comme un résultat prochain, cette condition étant d'ailleurs la seule qui pût raisonnablement permettre de couvrir *intégralement* le service des intérêts de la dette, examinons dans quelle limite l'hypothèque des propriétés nationales suffirait au remboursement du capital.

La discussion des différens systèmes applicables à l'amortissement de la dette trouvant une place marquée dans cet ouvrage, nous nous bornerons ici à l'exposition des ressources qui en constituent le gage spécial.

C'est un sujet d'éternel étonnement pour le voyageur étranger, autant que de pénibles regrets pour les nationaux de contempler partout où leurs yeux se portent en traversant les plus belles provinces de l'Espagne, des immenses plaines entièrement incultes, des coteaux fertiles déparés par une végétation improductive et agreste, des montagnes jouissant d'une température privilégiée, livrées à la pâture ingrate de quelques misérables troupeaux de chèvres.

C'est que dans ce pays l'industrie n'est prospère que là où des causes particulières favorisent son activité ; l'agriculture seulement florissa[nte] là où la nature ayant tout fait pour comb[ler] l'homme de ses dons, celui-ci n'a presque [pas] besoin des efforts de l'intelligence pour cueil[lir] des moissons opimes. Cependant l'Espagn[ol] qu'on se plaît à représenter paresseux et ind[o]lent, est au contraire actif, diligent, endurci a[ux] privations et à la fatigue.

Plein d'attachement pour les idées qu'il a [ac]quises, sa foi en elles égale son aversion po[ur] tout ce qui ébrânlerait sa conviction sans la fixe[r]. Son esprit, façonné par un principe, ne saur[ait] être entamé que par un autre principe ass[ez] puissant pour se substituer au premier et [se] rendre maître absolu de la noble nature dont [il] prendra possession.

Dans sa mémorable lutte avec la réform[e], l'esprit espagnol eut en partage le rôle de r[e]présentant de l'autorité traditionnelle. Il a, p[ar] suite, repoussé l'autorité de l'intelligence indiv[i]duelle, attendu son impulsion de la pensée l[é]gale servant d'organe à la société : et c'est ai[nsi] qu'il est demeuré étranger aux immenses pr[o]grès que l'émancipation de l'esprit humain a im[primés] au reste du monde.

Dès-lors point de progrès pour l'Espagn[e]

lepuis deux siècles, ni dans les lettres, ni dans es arts, ni dans l'industrie. Elle usa, dans sa utte avec l'Europe soumise à l'influence de la éforme ce qu'elle possédait d'élémens de su-périorité réelle. Ses écrivains, ses guerriers, es navigateurs, son grand mouvement indus-riel au XVIe siècle, tout périt à la fois dès qu'ils essèrent d'être alimentés par le travail fécond le la pensée libre.

Elle est donc demeurée étrangère aux phé-omènes économiques qui ont suivi chez les utres peuples les progrès des sciences méca-iques, progrès qui, eux-mêmes, reçurent leur mpulsion de l'ascendant des idées philosophi-ues.

Entamée aujourd'hui par l'action de la force ociale, l'Espagne paraît désormais destinée à arcourir avec les modifications qui appartien-ent au temps, à son esprit et à sa nature, la arrière des changemens vers lesquels s'est pré-ipité le monde.

Jusqu'ici religieuse, passionnée, chevaleres-ue et sobre, le contact du siècle la pousse à levenir calculatrice égoïste, industrielle et narchande.

Si c'est par des budgets qu'il faille désormais

estimer la valeur politique et morale des pe-
ples, la part de l'Espagne devra être assez bel
dans l'avenir, dès que l'intelligence appliqu
au travail, et l'action de capitaux suffisans,
présenteront pour recueillir l'ample moiss
dont son heureux ciel couvre les germes pr
cieux.

Cinquante ans ont servi à l'Angleterre agr
cole et manufacturière, pour étaler les merve
les de richesse qui l'ont rendue la reine
monde industriel. L'influence du système éc
nomique développée par le papier-monnaie, f
le grand instrument de sa prospérité.

Sans souhaiter pour mon pays l'emploi d'u
machine de crédit aussi hasardée, il nous
permis de croire qu'avec des élémens natur
de richesse plus puissans et plus variés que n'
possédait l'Angleterre, un emploi proportio
nel de capitaux et de science, conduira log
quement l'Espagne à des résultats approchans

Ces réflexions nous ont été suggérées par
besoin de faire comprendre, comment près
neuf cents millions d'ares d'excellentes terr
existent en Espagne sans presque y recevoir
destination. La moitié environ est en friche,
appartient à la classe de *Baldios y Réalengo*

L'autre moitié se compose de prairies et de terres arables, formant le domaine communal.

La mise en culture de ces terres, leur exploitation par des bonnes méthodes agricoles, ne tarderaient pas à augmenter les produits du sol, et à accroître considérablement la richesse du pays.

En acceptant un tel mode de payement, les porteurs de créances espagnoles obtiendraient un remboursement bien plus, prompt et profitable que ne pourra devenir, du moins pour la génération actuelle, la conversion de leurs créances en rentes inscrites.

L'immense quantité de terres que nous venons de désigner, ne forme cependant qu'une faible partie de la masse de propriétés territoriales applicable à des objets d'intérêt public.

Les riches domaines appartenans aux commanderies des quatre ordres militaires, antiques institutions de l'Espagne guerrière et chevaleresque, ont été affectées au service de la dette, d'abord par les cortès, plus tard par Ferdinand, dans son décret organique du 30 mai 1817. Le rapport du comité des cortès, évalue le produit annuel de ces biens à 12 millions de réaux. Le savant Antillon, dans sa géographie d'Espagne, démontre qu'il peut être porté à 20 millions c'est le chiffre que nous avons adopté.

Les propriétés publiques connues sous la dénomination de *Propios y Arbitrios*, constituent u autre gage non moins important ; les *propios* sor de deux espèces, *propios* des provinces et *pro- pios* des communes ; les uns et les autres s composent de terres, immeubles et droits ap partenans aux villes et aux provinces, et dor elles appliquent le revenu aux dépenses de po lice et d'administration locale. Ces dotation territoriales et urbaines dispensent générale ment les citoyens d'avoir à supporter les charge d'un budget municipal. En raison de leur util affectation et de leur possession immémoriale il serait peut-être dangereux de dépouiller le *propios* de leurs immeubles pour les applique à l'amortissement de la dette. Toutefois tell était l'importance de cette branche du reven que sous Charles IV, après avoir couvert tou tes les charges de son institution s'élevant 130 millions de réaux, les *propios* versaient a trésor un excédant annuel de 16 millions.

Les majorats éteints à la mort de la dernièr duchesse d'Albe, les propriétés qui compo sèrent le domaine de l'inquisition, l'Albuféra d

Valence, la vallée d'Alcudia, les mines déclarées propriétés nationales et exploitées pour compte de l'Etat, forment également partie de la dotation que les cortès affectèrent à la dette publique, laquelle était complétée par les immeubles et droits composant le patrimoine royal dans les provinces de l'ancienne couronne d'Aragon, et finalement par les édifices appartenans à l'Etat et non nécessaires à l'usage des administrations.

A l'énumération de ces ressources, nous avons cru devoir ajouter celles des propriétés et domaines qui, quoique n'ayant pas été antérieurement appliqués au service de la dette, n'en sont pas moins des dépendances nationales, et à ce titre ressortissent toujours du patrimoine public.

On trouvera que notre calcul diffère dans ses bases comme dans ses résultats des éblouissantes séries de chiffres données par une publication récente (1) comme l'expression, les ressources applicables à l'extinction de la dette espagnole.

Lorsque dans un travail de ce genre on s'affranchit du contrôle de la méthode et des données pratiques pour se livrer à des évaluations ne

(1) Mémoire sur la situation financière de l'Espagne, par Pebrer. — Paris, 1834.

reposant que sur l'estimation arbitraire, no seulement on se prive de tout élément de vérif cation ; mais l'on se place volontairement en d hors des conditions de critique et d'autorité.

Aussi nous sommes-nous abstenus d'affect une valeur quelconque aux richesses minéral non exploitées ou dont la valeur n'a pas é authentiquement fixée.

Par la même raison n'avons-nous donné a cune estimation susceptible de figurer dans tableau suivant, aux terres en friches non pl qu'aux mines situées dans les possessions col niales encore soumises à la couronne d'E pagne.

Réaux vellon.	Francs.			
120,000,000	30,000,000	Palais, bois et fermes de la couronne, non affectés à la liste civile	2,000,000	500,000
3,000,000,000	750,000,000	Terres et immeubles appartenant aux *propios*	102,000,000	25,500,000
3,600,000,000	900,000,000	*Baldios et Realengos* 12 millions de *fanegadas* à 300 réaux	1,800,000	450,000
2,534,400,000	633,600,000	Terres, prairies et immeubles, dits *concegiles*, 4,223,000 fanegadas à 800 réaux	76,032,000	19,008,000
100,000,000	25,000,000	Terres de *mostrencos*		
700,000,000	175,000,000	Commanderies des ordres militaires	3,000,000	750,000
40,000,000	10,000,000	Biens de la maison d'Albe	1,600,000	400,000
12,000,000	3,000,000	La vallée d'Alcudia	420,000	105,000
169,066,000	42,266,000	Propriétés de l'inquisition	6,762,600	1,443,150
30,000,000	7,500,000	L'albuféra de Valence	900,000	225,000
210,000,000	52,500,000	Mines de plomb de Linares	11,000,000	2,750,000
216,000,000	54,000,000	Mines de vif argent d'Almaden	8,000,000	2,000,000
29,082,000	7,270,500	Mines de cuivre de Rio-Tinto	250,000	65,000
80,000,000	20,000,000	*Patrimonio réal* de Catalogne, Aragon, Valence et Mallorca	2,400,000	600,000
20,000,000	5,000,000	Edifices et dépendances des manufactures royales supprimées	Nul.	
6,000,000	1,500,000	Bois de Segura	180,000	450,000
100,000,000	25,000,000	Forêts nationales	3,000,000	750,000
40,000,000	10,000,000	Greniers publics (*positos*)	2,000,000	500,000
64,000,000	24,000,000	Canaux en construction	2,600 000	650,000
1,000,000,000	250,000,000	Ponts, routes, aqueducs et édifices nationaux	2,500,000	625,000
			226,444,600	56,771,150
		A déduire pour le service affecté aux *propios*, aux communes et aux administrations de *mostrencos* et *positos*	182,032,000	45,500,000
12,070,548,000	3,025,636,500	Capital disponible. Revenu disponible.	44,412,600	11,271,105

Ainsi les biens de libre disposition aujourd'hui annexés au domaine national représentent une somme dont le capital balance à peu de chose près celui de la dette active portant intérêt. Cependant la majeure partie du revenu, d'ailleurs insuffisant pour faire face au service des arrérages, se trouve affectée à des objets spéciaux et d'une utilité si reconnue, qu'il serait impolitique de porter atteinte à ce que l'usage a établi à ce sujet. Ainsi les *propios* destinés aux besoins de l'administration municipale, les *positos* espèce de banques agricoles qui sont d'un très grand recours aux cultivateurs pauvres, ne sauraient être dépouillés au profit de l'amortissement avant que des institutions qui remplaçassent ces établissemens avec avantage ne vinssent en tenir lieu.

Mais l'inventaire que nous venons de dresser ne comprend pas la partie la plus importante des propriétés de nature incontestablement publique, possédées par l'Espagne.

J'ai dit précédemment que l'état arriéré de son agriculture et de son industrie avait pour principale cause que l'Espagnol n'a pas encore acquis pleine conscience de la puissance et de l'autorité de son *moi*; qu'il néglige, parce qu'il les ignore, les moyens de tirer parti des élémens de progrès, de bien-être et d'intelligence dont la nature l'a comblé. Maintenant je pose en principe que la question du payement intégral et immédiat de la dette publique, sera affirmativement résolue du moment que dans son esprit le peuple Espagnol acquerra la conviction de la justice et de la probité de cette mesure, réalisée par les moyens qui seuls la rendent aujourd'hui praticable.

En effet dès que l'état présent du revenu public est insuffisant pour faire face au service des arrérages de la totalité de la dette, dès que la valeur des propriétés domaniales de libre disposition, quoique suffisante pour éteindre le capital, ne saurait être entièrement appliquée à ces objets, la question du sort des biens possédés par le clergé et les établissemens pieux vient naturellement se poser.

Nous ne discuterons pas ici le mérite de la mesure en elle-même. Notre opinion à ce sujet repose sur un ordre d'idées qui trouvera place ailleurs.

Mais il suffit que l'éventualité de résolutions affectant une question aussi vitale, agite les esprits de l'autre côté des Pyrénées où elle est à la fois une question de politique et de finances, pour qu'il ne nous soit pas permis de taire ou d'éluder les renseignemens dont nous sommes en possession.

Sous cette réserve, et notre opinion demeurant intacte sur le fond de la théorie, s'il est ou non juste et convenable d'appliquer les propriétés ecclésiastiques au paiement de la dette, voici

L'évaluation la plus modérée que l'on puisse faire des biens possédés par le clergé espagnol.

Des renseignemens officiels obtenus par le gouvernement en 1740 pour établir l'assiette de l'impôt direct, il résulta que le clergé tant séculier que régulier, c'est-à-dire les cathédrales collégiales, bénéfices ecclésiastiques, abbayes, monastères et couvens de l'un et de l'autre sexe possédait un revenu provenant de terres, maisons, troupeaux et autres rentes et droits patrimoniaux s'élevant annuellement à la somme de 859,806,257 réaux. La plus grande partie des troupeaux, ainsi que le capital considérable employé par plusieurs ordres monastiques en exploitations agricoles ayant été perdu pour les propriétaires lors de la guerre de Napoléon, ainsi que par suite de la réforme ecclésiastique opérée par les cortès, nous réduirons cette somme de 150,806,257 réaux ; ce qui porterait le revenu actuel sans rien augmenter pour la plus value des fermages et rentes, à la somme de :

	Réaux.		Francs.
	700,000,000	—	175,000,000
Selon le rapport du comité des Cortès de 1825, le produit annuel de la dîme ecclésiastique s'élevait à.	342,919,223	—	85,729,555
Les biens des jésuites déjà appliqués par Charles VI à la dette publique, mais postérieurement rendus par Ferdinand à l'ordre, peuvent-être évalués à. .	5,000,000	—	1,250,000
Le produit de l'impôt ecclésiastique appellé *santa cruzada* s'élève à. .	20,000,000	—	5,000,000
Le produit de l'impôt ecclésiastique appellé *voto de santiago* s'élève à. .	2,000,000	—	5,000,000
Le produit de l'impôt foncier ecclésiastique, appelé *primicia*	60,000,000	—	15,000,000
Le revenu des immeubles appartenans aux établissemens pieux et charitables à.	60,000,000	—	15,000,000
Les édifices tels que monastères couvens, église et autres lieux du culte représentent à raison de 3 pour cent de leur valeur un revenu de	19,610,700	—	4,902,450
Total. .	1247,529,923	—	336,982,005

Evaluant seulement à trois pour cent le rapport annuel des terres et immeubles possédés par le clergé nous trouverons qu'il correspond à un capital de 23,333,333,333 réaux.

L'impôt ecclésiastique appelé la dîme, le voto de santiago et la *primicia*, ainsi que tout impôt territorial qui grève la propriété foncière de temps immémorial, représentant un véritable capital accessoire dont l'intérêt est représenté par l'impôt, capital qui n'appartient véritablement pas au propriétaire du sol, puisqu'il a reçu la terre frappée d'une servitude permanente, dont la quotité a diminué nécessairement la valeur de son acquisition ou de son héritage, de même qu'elle affecte le prix du loyer du sol, nous soutenons que la dîme représente un capital qui n'appartenant pas aux propriétaires des terres, revient nécessairement à l'état, dès que l'impôt dont il est l'hypothèque cessera de recevoir sa destination actuelle. Ainsi dans le cas d'abolition de la dîme l'état devant obliger les propriétaires des terres qui seuls en profiteraient, à racheter l'augmentation de capital qui en serait pour eux la suite, ou pouvant au contraire en laissant subsister l'impôt, lui donner une autre application sociale, nous persistons à considérer la dîme comme la représentation d'un capital public.

Evaluée à trois pour cent seulement de son revenu, l'estimation de ce capital sera égale à :

	Réaux vellon.
Pour le principal de la dîme.	11,407,730,710
Pour la *primicia* et *le voto de santiago*.	2,888,888,888
Faisant ensemble. . . .	14,298,219,598
Qui réunis, 1° au capital des biens patrimoniaux du clergé, tant séculier que régulier, ci.	23,333,333,333
2° Au capital des immeubles appartenant aux établissemens pieux et de charité. .	1,480,000,000
Donneront un grand total de.	39,111,552,921

Ainsi, indépendamment de la première et principale hypothèque de son capital social s'élevant à 110 milliards, 886 millions, 526 mille, 889 réaux (29,551,259,413 fr.) (voir page 60), le peuple espagnol en posséde une seconde en biens domaniaux et libres, représentant un avoir de 12,070,548,000 réaux, équivalant par lui seul à la totalité de la dette inscrite et liquidée (voir page 90).

La propriété ecclésiastique encore en dehors de toute application spéciale est en dernier ressort une garantie hypothécaire dont la valeur excède celle de la totalité de la dette de près de onze milliards de réaux (environ deux milliards et demi de francs).

Une semblable situation peut se passer de commentaires. L'avenir du pays qui en est en possession a de quoi rassurer le sort des créanciers liés à sa fortune. Seulement la condition sociale et économique de l'Espagne n'étant pas la même que celle où se trouve l'Angleterre et la France, on ne saurait sans danger lui appliquer les mêmes théories de crédit public.

L'Espagne possède de quoi payer la totalité de sa dette, mais elle est appelée à le faire par des règles puisées ailleurs que dans l'intérêt des spéculateurs sur les fonds publics.

CHAPITRE VI.

—

DE LA DETTE IMPUTABLE AUX COLONIES ÉMANCIPÉES.

C'est un acte que se doivent à eux-mêmes autant qu'à leurs pays, les hommes qui aujourd'hui dirigent le cabinet de Madrid, que celui d'une prompte reconnaissance des nouveaux États de l'Amérique, ci-devant espagnole.

Comme membres influens des Cortès de 1820 à 1823, plusieurs des ministres actuels manifestèrent une opinion contraire aux arrangemens que des députés prévoyans cherchèrent à ménager entre l'Espagne et ses anciennes colonies. La cause de la liberté péninsulaire s'est tristement ressentie de la prépondérance alors obtenue par l'opinion des hommes d'Etat dont nous parlons. Dans l'état où se trouvait l'Espagne relativement à l'Europe, eu égard à la faveur dont la cause américaine était devenue l'objet, des négociations habilement dirigées auraient eu le double avantage de valoir à l'Espagne l'appui de l'Amérique et les bonnes grâces de l'Angleterre, que la révolution espagnole avait tant intérêt à ménager.

Plus tard, lorsque vaincue par l'intervention française, cette révolution s'est trouvée incapable de se survivre à elle-même, les libéraux espagnols ont parcouru dix ans la terre en supplians et en proscrits, sans que nulle part, une opinion triomphante ou une société amie, leur ait départi un appui politique, capable de ranimer leur espoir; combien leur sort et la fortune de leur cause auraient-ils été autres, si l'Amérique appelée par eux à la fraternité et à l'indépendance, leur eût ouvert l'asile honorable qu'elle n'aurait pas certainement refusé à ses bienfaiteurs.

Sans doute les avantages que l'Espagne pouvait retirer à cette époque, elle ne saurait y aspirer aujourd'hui. Les propositions par elles rejetées, le seraient également à leur tour par les États qui, à l'époque dont nous parlons, se seraient trouvés heureux de leur acceptation.

Par l'organe de ses députés réunis à Madrid, (en 1821), le Mexique consentait à demeurer réuni à la couronne d'Espagne, à la seule condition d'avoir un parlement colonial et une administration indépendante; plus tard, et lorsque le succès d'une révolution militaire eut établi de fait l'indépendance, on demanda à placer un prince espagnol sur le trône, en même temps qu'on assurait aux naturels de la péninsule les droits civils et politiques des Mexicains. De pareilles offres furent hautainement rejetées par la majorité où siégeaient les membres du cabinet actuel. Il fallut que les francs révolutionnaires (destinés du reste à n'être ni plus habiles ni plus heureux) arrivassent au pouvoir pour qu'on admît le principe de traiter avec les colonies révoltées.

Espagnols de nom, d'origine, de sang, de religion, d'habitudes et de mœurs, les Américains auraient consenti à des sacrifices d'autant plus grands pour s'assurer la reconnaissance de la métropole, que les droits de celle-ci à la souveraineté du sol n'étant contestés par aucune puissance, leur existence politique se trouvait continuellement menacée par des tentatives d'agression.

Désespérant de vaincre la superbe obstination du cabinet de Madrid, et favorisés par les intérêts et les préjugés commerciaux de l'Europe entière, les Américains briguèrent l'amitié des puissances étrangères. Des traités de commerce conclus avec l'Angleterre, la Hollande, et la France, assurèrent aux pavillons de ces nations tous les avantages autrefois exclusivement possédés par les Espagnols. L'affaiblissement de la puissance de ces derniers, le progrès des opinions qui considéraient l'indépendance des colonies comme un résultat d'ordre social, ont diminué pour elles l'importance d'abord attachée à la reconnaissance de la métropole, jusqu'à bannir toute possibilité d'emmener les nouvelles républiques à souscrire à l'accomplissement d'une de leurs offres antérieures; savoir le paiement d'une redevance ou tribut annuel.

Cette ignominieuse condition a toujours été le thème favori, le mot sacramentel des colons influens ramenés en Europe par suite de la révolution américaine, et dont les regrets ineffaçables sont à jamais acquis aux souvenirs du monopole, à l'ombre duquel ils ont amassé de prodigieuses fortunes.

Nous croyons le ministère espagnol assez indépendant et l'opinion du pays assez éclairée, pour s'affranchir de la nuisible influence que l'esprit rétrograde de l'émigration coloniale a long-temps exercée sur les décisions du gouvernement.

Non-seulement un tribut pécuniaire suppose une dépendance, il est toujours fondé sur la présomption que celui qui le paye reçoit une concession ou une grace de celui qui le perçoit.

Alors que ses armées foulaient encore le nouveau monde, quand pendant quinze ans de lutte elle a eu le pouvoir de faire beaucoup de mal aux Américains, l'Espagne pouvait sans arrogance stipuler le payement d'un subside comme le prix de sa cessation des hostilités.

Les colonies ont payé de trop de sang et de sacrifices la conquête de leur nationalité et de leur indépendance, pour consentir à acheter au poids de l'or, l'héritage de vingt ans de combats.

Mais si la dignité des deux parties répugne à salir par une flétrissante clause de tribut, le texte du traité destiné à régler des intérêts aussi chers, qu'ils sont nobles et grands ; il sera trop beau pour l'Amérique, le jour où elle verra son jeune pavillon flotter à côté de l'antique étendart de ses pères, le jour où une réconciliation sincère réunira dans les liens d'une paix durable, les issus d'un même sang, les rejetons de la même tige, pour qu'elle hésite à admettre dans le nouveau pacte, la reconnaissance des droits que ni l'équité ni la justice ne lui permettent de répudier.

Les Américains pourraient-ils oublier que l'Espagne, la noble et puissante Espagne du XVIe siècle, épuisa sa substance et son sang pour découvrir, peupler et civiliser la patrie dont elle leur fit don? Les villes qui la couvrent, les forteresses qui la défendent, les ports qui abritent ses vaisseaux, n'ont-ils pas été bâtis, édifiés, creusés par les mains et avec des capitaux espagnols ? La plupart des guerres soutenues par l'Espagne depuis la découverte de l'Amérique, ont été entreprises dans des intérêts coloniaux. Celles que Charles III et Charles IV soutinrent contre l'Angleterre, durant lesquelles a été contractée la plus grande partie de la dette publique, avaient pour principal objet de défendre l'Amérique des déprédations et des attaques des armemens anglais.

Les dépenses occasionnées par la Marine Espagnole, depuis le règne de Ferdinand, étaient nécessitées par le besoin de protéger le commerce et de défendre l'immense littoral colonial.

Les possessions espagnoles d'Amérique ont d'ailleurs joui pendant toute la durée de leur union avec la métropole d'une égalité parfaite de droits avec les provinces péninsulaires. C'était des parties intégrantes d'un même empire dont les habitans vivaient sous la protection des même lois, ayant tous les mêmes priviléges et faisant partie de la même communauté.

Tant que cette union a duré les avantages matériels et moraux de l'association ont été également partagés par les Espagnols des deux hémisphères. Les dettes contractées dans un intérêt commun, le furent sous la garantie solidaire des revenus de la monarchie. Lorsque le trésor espagnol souscrivait des obligations, il comptait également sur les recettes de Lima et de Quito et sur celle de Avila ou de Jaen.

Les créanciers prêtèrent au roi d'Espagne et des Indes, non pas au souverain d'Aragon et de Castille. Il est vrai que les titres sont demeurés à la charge de l'Espagne. Mais son rôle ayant été celui du père qui s'endette pour élever et établir ses enfans, il serait inique que devenus majeurs et émancipés, ses enfans refusassent d'accepter les charges encourues à leur occasion.

Les traités de reconnaissance de l'indépendance américaine devront donc contenir des stipulations spéciales pour le réglement du partage de la dette antérieure à 1808.

Le principe une fois admis. L'application ne saurait être difficile. La part de dette qui retombera à la charge des colonies une fois fixée, son partage entre les différens nouveaux états la rendra extrêmement modique pour chacun d'eux. La dette antérieure à 1808 ne s'élevant qu'à environ 2 milliards de francs, cette somme répartie entre le Mexique, Guatimala, Vénézuala, Nueva Granada, Quito, Bolivia, le Pérou, Chili, et Buenos Aires deviendra insignifiante pour ses états. Les garanties de stabilité et de repos intérieur que vaudra aux nouvelles républiques la reconnaissance de l'Espagne, l'accroissement de crédit qu'elles en recevront sont des avantages réels dont l'importance surpasse de beaucoup le léger sacrifice que leur commandent la politique et l'intérêt.

CHAPITRE VII.

—

DES SYSTÈMES EN PRÉSENCE RELATIVEMENT A LA DETTE ESPAGNOLE.

C'est un caractère désormais acquis dans l'histoire à la révolution espagnole que celui de la haute moralité dont elle donna un si éclatant témoignage, en acceptant le fardeau des dettes léguées au pays par la royauté absolue.

La conduite des Cortès nationales fut également noble et digne aux deux époques où elles ont été appelées à statuer sur le ruineux héritage de la monarchie. En 1812, elles admirent le principe de la reconnaissance des dettes de la couronne, en 1820 elles adoptèrent les mesures propres à en assurer le remboursement.

Un tel exemple de modération et de probité loin d'avoir été imité par la restauration, n'a servi qu'à rendre plus odieuse l'insigne mauvaise foi dont elle se souilla en méconnaissant les obligations contractées par le gouvernement constitutionnel.

L'atteinte ainsi portée à la morale publique n'a pas été la conséquence la plus nuisible des fureurs de ce parti. Le système qu'il a suivi pendant dix ans de règne compromet aujourd'hui le retour aux principes de confiance, d'oubli et de douceur qui caractérisèrent la révolution de 1820.

En acceptant la mauvaise situation léguée par la royauté absolue, les cortès avaient cédé plutôt à un sentiment de grandeur et de magnanimité qu'elles n'avaient agi dans l'intérêt politique de la révolution.

L'assemblée de Cadix ainsi que celle de Madrid s'étaient engagées au payement intégral de la dette sans en connaître l'importance. Payons religieusement, s'était-on dit, l'arrière de nos pères, avant même que l'on sût à quelle somme il s'éleverait.

Lorsque le chiffre en fut déterminé par le décret du 9 novembre 1820, on trouva qu'il se montait au-delà de 14 milliards; cette somme parut énorme. Les opinions commencèrent alors à se diviser sur l'opportunité d'avoir accepté à l'avance et par vote d'enthousiasme un fardeau aussi écrasant. Les amis zélés de la révolution prévoyant les dangers qu'elle aurait à courir, les luttes prochaines dont elle était menacée, regrettaient qu'on eût engagé son patrimoine pour faire honneur aux prodigalités du pouvoir déchu. Si vous consacrez, disaient-ils, à des créances avilies et tombées en désuétude, le plus clair des ressources créées par le nouvel ordre de choses, à quelles moyens aurez-vous recours pour suffire aux besoins extraordinaires d'un gouvernement naissant et entouré d'ennemis? Vous aliénez l'hypothèque de la révolution pour payer les largesses des favoris et des reines. Quel gage donnerez-vous donc à vos propres créanciers; quel appât vous restera-t-il à offrir aux intérêts que vous sentez le besoin de rallier ?

Quelque vive que fût la réaction, l'opinion qui dès lors poussait, sans oser ouvertement l'avouer, à la réduction de la dette, fut impuissante à changer les déterminations solennelles prises par les Cortès. Le système du payement intégral en biens fonds de toute la partie de la dette antérieure à 1820, resta en vigueur aux termes du décret dont nous avons déjà parlé.

Cependant le gouvernement constitutionnel pressé par les difficultés de sa situation, sentit le besoin de recourir au crédit. Il négocia des emprunts à l'étranger; pour la première fois, l'opinion publique était appelée à intervenir dans ces sortes de transactions; elle le fit avec une grande sévérité. Les Espagnols, peu accoutumés au mécanisme des opérations de banque, étrangers aux fictions du crédit, s'étonnèrent qu'avec une garantie aussi réelle que l'était celle de la fortune et de l'honneur du pays, les prêteurs exigeassent des intérêts élevés, pour des sommes inférieures au capital reçu. L'impopularité des emprunts devint générale, et forma un des traits les plus saillans de la courte période constitutionnelle.

Cette disposition des esprits aurait dû rendre le gouvernement royal excessivement circonspect sur les mesures qu'il a été appelé à prendre.

Le système des Cortès avait été tout à l'avantage de la couronne. C'était au payement exclusif de ses dettes qu'avaient été appropriés les domaines nationaux. L'affectation des biens du clergé régulier à cet objet n'étant pas l'ouvrage de la royauté, elle pouvait en recuser la responsabilité vis-à-vis du parti qui seul était en droit de s'en plaindre. D'ailleurs la restauration avait dans ses mains l'obtention d'une bulle du pape, pour régulariser les ventes des propriétés ecclésiastiques. Une indemnité aux moines dépossédés aurait mis d'accord toutes les parties. Si poursuivant alors le système de l'amortissement en biens fonds, pour toute la dette antérieure à 1820, la royauté eût continué l'œuvre des Cortès, elle aurait rendu son avenir facile, et éloigné les inextricables difficultés qui aujourd'hui l'assiégent.

Mais la restauration se laissa dominer par des motifs de haine. Elle oublia qu'elle était gouvernement, pour se faire uniquement parti. Le décret du 9 novembre 1820, portant reconnaissance et acquittement des dettes des rois d'Espagne, fut traité par Ferdinand comme un acte révolutionnaire, et en qualité de tel, déchiré et mis au néant. S'imaginant follement que la fureur et la violence, quel que soit l'effet passager de leurs actes, puissent historiquement rien prescrire, la restauration fit comme si sa simple volonté eût eu le pouvoir de changer la nature de ce qui est.

Nous méconnaîtrons, dirent les hommes de cabinet et de finance qui avaient en tutelle l'ignorance et l'incapacité du parti vainqueur, les arrangemens consciencieusement pris par les mandataires du peuple, pour faire honneur à la mémoire des ancêtres de nos Rois; nous négligerons de statuer sur le sort des créanciers nationaux, autrement que dans l'intérêt des fictions de crédit, que nous voulons faire valoir. Nous déclarerons nuls et non avenus les emprunts faits pour ne pas surcharger le peuple, par ceux-là mêmes qui ont payé une partie de nos propres dettes. A la suite de ces résolutions radicales et spoliatrices, nous nous appellerons gouvernement réparateur, religieux et légitime; et nous nous donnerons hardiment pour les restaurateurs du crédit public.

Agissant dès lors comme si la dette nationale n'eût pas réellement existé, ou comme si elle avait été éteinte par ses soins, la restauration se précipita tête baissée dans une longue série d'opérations ruineuses, qui ont élevé le chiffre de la dette de près d'un milliard de francs. Une indignation générale, un mécontentement commun à tous les partis comme à toutes les classes, a accueilli en Espagne le scandale des emprunts colportés pendant dix ans dans les Bourses d'Europe, au profit de la coterie d'agioteurs qui s'étaient liés avec les derniers ministres du roi Ferdinand. Le dégoût qu'ont inspiré à un peuple naturellement droit et probe, les manœuvres et les artifices employés en abusant de son nom pour élever des fortunes monstrueuses, est venu ajouter à la défaveur déja régnante à l'égard des emprunts étrangers. Sans vouloir accréditer le sentiment hostile à la moralité des actes qui ont engagé la responsabilité de l'Espagne, c'est un fait évident, que l'opinion déjà prévenue contre ces sortes d'opérations, agite la question de savoir, si elle acceptera, pour le compte du pays, le fardeau qu'elles lui ont imposé.

L'exemple de la France toujours présent à

l'esprit comme au souvenir des générations qui à son exemple cherchent à faire un entier divorce avec le passé, est cité comme le seul moyen de mettre un terme aux complications du présent, et aux embarras de l'avenir.

La réduction de la dette est donc sollicitée par un parti considérable à la tête duquel figurent des hommes distingués par leurs lumières, par leur patriotisme et par leur position.

Cette opinion, quelque hasardée qu'elle puisse paraître, ne saurait être taxée de spontanéité ni de mauvaise foi. Elle a été provoquée par l'audace, par l'aveuglement et la cupidité des hommes de la restauration.

La nation s'était généreusement résignée à payer les dettes de la couronne. Loin de se montrer reconnaissante de ce service, la royauté punit par la confiscation et le séquestre les créanciers qui avaient eu foi dans les paroles du pays.

Déjà trouvé trop lourd, dès que son importance put être apprécié, le fardeau est devenu insupportable surchargé des dilapidations et des manœuvres de dix années de corruption.

L'effet ordinaire de l'abus de confiance est d'aliéner l'esprit et d'éveiller les soupçons des victimes de leur bonne foi. La nation espagnole se trouve dans ce cas. Elle commença par se livrer pour ainsi dire tout entière, pour répondre à l'appel qui lui fut fait au nom de l'honneur; depuis elle s'est aperçue qu'on abusait de sa loyauté, qu'on s'engraissait de sa substance, qu'elle était la dupe des déclamations hypocrites à l'aide desquelles on conspirait sa honte et son appauvrissement.

Tels sont les motifs qui ont donné naissance au parti qui pousse à une forte réduction de la dette.

A côté de ce parti se place celui des hommes d'état et de finances, qui invoquant l'honneur national et la religion de la foi promise, proposent de procéder par exception à l'égard des emprunts étrangers, sauf à prendre pour l'immense dette intérieure les arrangemens que comporterait la situation du pays.

Selon les partisans de cette opinion les emprunts des cortès ayant été contractés sous le régime des lois, la renommée de l'Espagne, la considération due à son nom, exigent leur reconnaissance pleine et entière. Par des motifs différens, mais qu'on fait valoir avec une égale véhémence, les emprunts de la restauration seraient traités sur le même pied. D'après ce systême, on consoliderait les 5 milliards de réaux environ, auquels s'élèvent la dette étrangère postérieure à 1823, et les emprunts de Cortès réunis. Le capital intégral serait inscrit sur le grand livre, avec jouissance des intérêts à 5 pour 100. Toute la puissance de l'amortissement actuel, employée au service des arérages de cette dette, ferait nécessairement monter ces valeurs. Par ce moyen, les fonds espagnols cotés à Paris, à Amsterdam, et à Londres, jouiraient d'une faveur de vogue, et rendraient aussi fréquentes que lucratives les grandes opérations de bourse.

Ce système est le thème favori des Banquiers, dont les conseils trouvent accès auprès du cabinet Espagnol. Le succès d'une telle combinaison, ne serait cependant que la continuation du système trompeur et immoral qui déshonora la restauration.

La banqueroute odieuse et cachée, la spoliation flagrante et matérielle, le privilège indu, seraient la conséquence des mesures exceptionnelles, prises au profit d'une classe particulière de créanciers, et au préjudice de la généralité.

Les porteurs de bons des Cortès, pas plus que ceux des rentes perpétuelles, n'ont aucun titre qui leur donne droit à des faveurs exclusives, et si, comme tout le porte à croire, la prochaine assemblée des Cortès est animée des sentimens d'indépendance, que font pressentir celles des nominations qui nous sont connues, jamais elle ne sanctionnera, quelle que soit l'autorité du nom qui les lui présente, des mesures dirigées à séparer le sort des différentes classes de créanciers de l'état, à améliorer les intérêts des unes au préjudice des droits et des intérêts des autres.

C'était bon pour les ministres de la restauration, d'avoir deux mesures de crédit et de justice, l'une au profit des prêteurs qui avaient accepté sa fortune, l'autre à l'égard de la généralité des créanciers entièrement méconnus par elle, et privés de tout revenu depuis plusieurs années.

Le payement ponctuel des arrérages de la dette Espagnole, à Paris et à Londres, ne saurait avoir une influence logique, véritable, permanente, réelle, sur le crédit de l'Espagne, tant que les porteurs d'obligations également légitimes, ne recevront pas à Madrid aux mêmes échéances la portion d'intérêts leur revenant.

La position où se trouvait l'Espagne en 1820, ne peut être invoquée dans la situation présente.

Alors les Cortès, débrouillant le chaos où l'ancien gouvernement avait conduit le pays, adoptèrent des mesures générales, et tracèrent des règles uniformes pour le payement de toute la dette. Celle qui était antérieure à la révolution eut une dotation spéciale. On donna pour hypothèque aux nouveaux créanciers, les revenus courans. Les moyens appropriés à chacune de ces classes étaient proportionnés aux charges. La royauté absolue a violemment changé cette position.

Le retour des biens nationaux aux corporations qui les possédaient antérieurement, a enlevé le gage aux anciens créanciers. — Que leur serait-il donné maintenant? On reprendra, me dira-t-on, les biens du clergé pour les restituer à l'amortissement? Pour cela il faut avoir le courage et l'habileté de consommer une révolution politique, ce que nous ne sachons pas que le gouvernement de la régence ait encore accompli. Avant donc que de disposer des revenus et des ressources courantes, pour les affecter au soutien de ce qu'on appelle faussement le crédit de l'Espagne, c'est-à-dire, la cote des fonds négociables dans les marchés étrangers, il est nécessaire, il est urgent, il est équitable, de pourvoir au sort des intérêts que vous dépouillerez, en donnant une destination dont ils seront exclus, aux seuls moyens disponibles que vous ayez dans ce moment.

Logiquement, il nous semble qu'on ne saurait augurer favorablement du crédit d'un pays qui acquitterait une partie de ses obligations, et serait dans l'impuissance de faire honneur à ses autres engagemens.

Moralement, on n'aura pas atteint le retour aux principes de l'équité et de la justice, tant qu'on ne traitera pas avec égalité des intérêts fondés sur les mêmes droits.

CHAPITRE VIII.

DES ENGAGEMENS MORAUX DE L'ESPAGNE A L'ÉGARD DE SES CRÉANCIERS.

On nous accusera peut-être d'avoir exagéré le chiffre de la dette espagnole. Nous n'ignorons pas combien, nonobstant la rigoureuse exactitude des calculs sur lesquels notre supputation a été faite, le résultat arithmétique serait susceptible de réduction.

Déjà nous avons observé que le retour fait à l'état, des créances possédées par les corporations religieuses, avait rendu la nation créancière d'elle-même. Il est d'ailleurs peu douteux que les prêteurs de rentes liquidées et inscrites, ne consentissent de très bonne grace à réduire la majeure partie des arrérages échus, dès que la consolidation et le service des intérêts du principal leur seraient assurés pour l'avenir.

Mais nous avons voulu, en représentant la dette dans toute sa nudité, détruire l'erreur qui fait considérer les capitaux étrangers comme les seuls intérêts compromis par elle. Cette erreur générale, partout ailleurs qu'en Espagne, a donné naissance aux différens systèmes de liquidation, dans lesquels la dette extérieure est seule objet des combinaisons produites, tandis qu'à l'égard de la dette intérieure on procède comme si elle n'existait pas.

Le crédit d'une nation manque cependant de bases salutaires, tant qu'il n'est pas fondé sur la confiance et l'appui des nationaux. Les ressources que les gouvernemens obtiennent à l'étranger, sont de leur nature transitoires, et de courte durée. Les guerres, les vicissitudes politiques, paralysent le succès des combinaisons, qui dépendent des fluctuations d'une opinion formée au loin et influencée par les événemens. Quelle puissance arriva jamais à un grand développement de crédit, sans avoir commencé par inspirer, chez elle, le degré de sécurité et de confiance qui porte les citoyens à confondre leur propre fortune avec la fortune de l'Etat ?

En Angleterre et en France, le crédit n'a grandi qu'avec les institutions, qui ont rendu leurs gouvernemens les représentans, et en quelque sorte les économes de la société.

Au temps où l'Espagne avait un gouvernement fort et respecté, elle a su trouver dans le concours et le dévouement des citoyens, les ressources plus tard refusées à des pouvoirs sans moralité.

Durant les règnes de Charles III et de Charles IV, sous lesquels a été contractée la plus grande partie de la dette actuelle, ce sont les nationaux eux seuls qui ont fourni aux besoins urgens du trésor.

De 6,800 millions de réaux auxquels s'élevait la dette de 1808, deux cents (1) seulement ap-

(1) Ce sont les emprunts dits de Hollande, contractés en 1800 et 1805 avec les maisons Hope, et Edcroece d'Amsterdam.

partiennent à des étrangers. Le montant de ces capitaux avait été intégralement versé dans les coffres de l'état, car avant la venue au monde de l'ère des banquiers, jamais il ne vint à l'idée d'aucun Espagnol, qu'en prêtant au gouvernement, l'on pût devenir créancier de sommes supérieures à celles réellement fournies.

L'inévitable banqueroute qui fut la suite de l'invasion des armées françaises en 1808, les calamités que la guerre entraîna après elle, la coupable négligence que la première restauration apporta au rétablissement du crédit public en paralysèrent entièrement l'action.

Depuis, l'exemple toujours présent aux yeux des Espagnols de la ruine où se virent réduits les porteurs d'anciennes créances, a constamment influé sur la pensée publique et produit l'éloignement où les capitalistes se tiennent de tout contact avec le pouvoir.

Tel est le crédit du gouvernement en Espagne qu'il n'y a pas un petit marchand de province dont la responsabilité et la signature ne soient préférées à celle des receveurs généraux. La méfiance générale dans le papier du gouvernement est telle, que dans les lettres de change et effets de commerce qui circulent dans la P insule on lit toujours cette clause. « *Vous payerez à l'ordre d'un tel la somme de.... en numéraire, or ou argent, à l'exclusion de tout papier monnaie, créé ou qui serait créé par la suite.*

Et c'est dans un pays où la méfiance dans le gouvernement est arrivée à un degré comparable eulement à ce qui se passe en Orient et en Barbarie, qu'en matière de crédit public on ne verait rien de plus pressé que le rétablissement de cette confiance dont le retour ne saurait avoir ieu avant la réparation des injustices commises, les droits méconnus?

Le crédit sera impossible en Espagne tant que es créanciers régnicoles se verront réduits à la nisère et mourant litéralement de faim; ce serait e cas du plus grand nombre si depuis longtemps ls n'avaient eu recours ou à leur propre industrie ou à la sympathie de leurs amis et concitoyens; voilà bientôt trente ans que le payement des arrérages de la dette intérieure se trouve entièrement suspendu.

Les partisans des emprunts étrangers prétendent que l'éloignement des espagnols pour les opérations en fonds publics et le manque de capitaux obligera toujours le gouvernement à avoir recours aux étrangers dès qu'il voudra se procurer des sommes considérables.

L'histoire des emprunts négociés en Espagne depuis Philipe V prouve non seulement la facilité qu'ont toujours eue à trouver de l'argent dans le pays les gouvernemens qui ont joui d'une certaine réputation de moralité, mais elle offre l'unique et touchant exemple de prêts faits à l'état par pur patriotisme et sans aucun intérêt.

Quant à la rareté des capitaux attribuée à l'Espagne, l'observation de tous les hommes compétens et impartiaux sera unanime à déclarer que le défaut de confiance, l'absence de toute vie et de tout mouvement politique, l'état arriéré de l'industrie, exercent une plus grande influence sur la paralysie qu'y éprouvent les affaires que l'absence d'accumulation proprement dite. On pourrait même soutenir avec fondement que le discrédit des fonds publics ne permet pas d'apprécier quelle serait la masse de capitaux qui autrement s'offrirait à leur emploi aucun homme au fait des choses de l'Espagne n'ignore l'usage général dans les campagnes d'enterrer le numéraire. Dans les villes les particuliers aisés enferment également leur or, faute de savoir comment le placer.

Le premier donc et le plus sacré, parce qu'il est le plus ancien et le plus obligatoire des engagemens de la nation Espagnole, est à l'égard des créanciers nationaux, victimes des malheurs des temps et de la négligence du pouvoir.

La résurrection du véritable crédit, le rétablissement de la confiance, le maintien de la foi publique, dépendent de cette mesure réparatrice, base essentielle de tout système qui aura véritablement pour but de répondre aux besoins économiques et moraux de la situation présente.

Les droits des prêteurs des bons des Cortès, ne sont pas, selon nous, moins légitimes que ceux des créanciers dont nous venons de parler. Leurs titres nous paraissent avoir une valeur égale; et si, dans le chapitre précédent, nous avons paru combattre un système qui leur est favorable, nous l'avons uniquement fait parce qu'il tend à leur consacrer un privilège, au préjudice des nationaux.

La défaveur qui, ainsi que nous l'avons observé, accueillit sous l'époque constitutionnelle, les emprunts négociés à l'étranger, n'est pas un motif qui justifie l'oubli des engagemens, dont le caractère est essentiellement légitime.

Les Espagnols se sont plaints d'intelligences coupables et de malversations, à l'occasion des emprunts dont nous parlons. On fit valoir la faiblesse des secours réels reçus par le trésor, comparativement au fardeau mis à la charge du pays. Ces opérations, nous en conservons le souvenir, furent considérées comme ruineuses. Mais le peuple espagnol est doué de trop d'élévation et de droiture, il a trop de justice et de sens, pour rendre ses créanciers responsables de méfaits, seulement imputables à ceux qui eurent mission de stipuler en son nom.

Si les emprunts des Cortès furent des opérations mal conçues et nuisibles à l'état, c'est aux Députés, aux Ministres, aux hommes influens de l'époque, que le peuple espagnol doit s'en prendre, car à eux seuls en appartiendrait la responsabilité.

Si donc l'Espagne, loin d'avoir retiré sa confiance à ces hommes, la porte aujourd'hui au pouvoir, si elle leur confie de nouveau ses destinées, comment supposer que l'esprit national s'égare jusqu'au point de répudier les actes des guides et des mandataires qu'elle vient de se choisir?

Pour l'Europe entière, c'est la nation espaole qui, en 1820-21-22-et 23, invoqua et tint de la confiance des peuples étrangers, les bsides demandés par son gouvernement. Le rt des engagemens ainsi contractés, a tours depuis été réputé inséparable de la forne nationale.

La longue attente des prêteurs des bons des ortès est maintenant arrivée à son terme. L'Esgne ne se manquera pas à elle-même, en éconnaissant des titres, dont la garantie repose r l'avenir de ses institutions.

Le principe une fois admis de reconnaître s obligations dans la même mesure, aux êmes titres et conditions que les créances les us privilégiées, la question se réduit à déteriner la règle commune qui leur sera applinée, à chercher le mode de payement le plus alogue aux ressources disponibles de la ation.

Sous le rapport légal, les opérations financères de la seconde restauration, et principament l'emprunt dit Guebhard et la rente perétuelle, sont passibles d'un vice de forme, ont une assemblée imbue du principe de la ouveraineté populaire, pourrait être portée à eur appliquer la peine.

Les Cortès réunis à Séville, en mai 1823, protestèrent contre les engagemens pécuniaires que la royauté absolue pourrait contracter à l'étranger; elles déclarèrent en outre, la nullité de l'emprunt, que la régence d'Urgel, négociait à cette époque sur la place de Paris. Cet emprunt est celui là même qui, reconnu plus tard par Ferdinand, a pris et conserve encore le nom d'*emprunt royal*.

Favorisé par la prévention régnante contre les manœuvres boursières de la restauration, ce précédent législatif est de nature à servir les opinions, qui dans la nouvelle assemblée des Cortès, ne manqueront pas de se déclarer pour le rejet de cette classe d'engagemens.

Toutefois il est à croire que l'opinion du gouvernement, en cela influencée par les intérêts de la haute banque, sera assez forte pour préserver d'un entier naufrage les *rentes perpétuelles*. Ce serait le signe d'un ascendant politique acquis par l'opinion, dont nous aimerions le mieux constater le triomphe, que l'abandon fait par les ministres actuels, des intérêts engagés dans les opérations financières du règne précédent. Mais même dans les cas où les progrès du vieil esprit révolutionnaire en seraient à ce degré d'énergie et de puritanisme, des considérations auxquelles ne saurait rester sourd le patriotisme de ce parti, viendront au secours des clients de la restauration.

Les actes de tout pouvoir qui a eu une certaine durée, créent toujours des intérêts qui par la seule légalité de leur existence deviennent légitimes et méritent les égards dus aux intérêts nationaux.

Le système de la restauration a eu une trop grande influence sur le sort et la destinée de l'Espagne pour rendre aujourd'hui loisible de méconnaître entièrement l'ouvrage de dix années de gouvernement régulier.

Le fardeau des obligations qu'il a mis à la charge du pays est dur et si l'on veut insupportable, mais il sied aux pouvoirs forts et moraux de se montrer à la hauteur des situations difficiles. L'improbité des ministres de la restauration n'autorise pas la dépouille des créancier s qu'ils nous ont légués.

Toutefois les excès de ce régime, l'aveugle facilité des prêteurs qui ont secondé des opérations funestes trouvera une juste punition dans la moralité même dont le peuple Espagnol est appelé à faire preuve. Les emprunts de la restauration reconnus sous de certaines conditions, ne pourront pour cela être admis que concurremment avec les autres dettes qui grèvent le pays.

Le capital de ces dernières, le chiffre élevé de ces emprunts eux-mêmes entrant au partage des ressources applicables au crédit public, la part affectée au service des rentes perpétuelles et de l'emprunt Guebhard se trouvera nécessairement diminuée. Dès lors cessera l'odieux privilège dont jouit la dette la moins morale et la moins obligatoire qui soit à la charge du peuple Espagnol. Les porteurs de ces valeurs ne pourront s'en prendre qu'à eux-mêmes du changement de leur position. Elle sera l'inévitable conséquence de leur association antérieure avec un pouvoir qui consentit à les favoriser aux dépens des créanciers de l'état. Pendant dix ans ils ont joui d'intérêts qui se sont élevés à 9 et 10 pour cent. Complices et soutiens politiques des hommes qui ont eu mission d'asservir l'Espagne, d'y étouffer la puissance de la pensée humaine, de méconnaître et de fouler aux pieds les intérêts les plus légitimes, les commanditaires de la restauration recueilleront le fruit de leur propre cupidité et de l'imprudence avec laquelle ils acceptèrent la dépouille des opprimés. Ignoraient-ils que le pays avait des créanciers antérieurs et nombreux dont le sort était inséparable du rétablissement des lois, du retour au principe de bonne foi et d'honneur national?

Le jour de la réparation arrivé pour les innocens et les opprimés, le regret des spoliateurs servira de témoignage à la joie universelle, et déposera de l'avénement du règne de la justice et de l'équité.

C'est du reste un des caractères des incontestables progrès de la raison publique que la douceur et la tolérance dont on usera à l'égard de ces nouveaux Judas. Ils dévoraient à eux seuls la substance des multitudes. Ils seront réduits à leur part proportionnelle de l'avoir collectif, ils prospéraient par le privilège, on les fera rentrer dans le droit commun.

CHAPITRE IX.

—

DES GARANTIES OFFERTES PAR LES FONDS PUBLICS ESPAGNOLS.

Nous avons voulu faire précéder l'énonciation des principes que nous étions appelés à émettre, de l'exposition méthodique des faits dont la connaissance nous a semblé le préliminaire indispensable des doctrines auxquelles ils devaient servir de fondement.

Maintenant que quelques lumières, nous nous en flattons du moins, ont été répandues sur des questions généralement mal comprises, essayons d'en déduire les conséquences dans l'intérêt desquelles cette publication a été entreprise.

Nous avons consacré un chapitre à l'énumération des ressources dont l'Espagne pouvait disposer dans un but d'intérêt public. Les faits que notre exposition renferme ont dû placer hors de doute la condition satisfaisante où sous le point de vue économique repose l'avenir du pays.

Même en adoptant l'hypothèse d'avoir à pourvoir à l'extinction intégrale de sa dette tant liquidée que non liquidée, telle est l'abondance des ressources et la grandeur des moyens dont la nation dispose qu'ils excèdent le fardeau des obligations à sa charge.

Aussi la question à résoudre n'est-elle pas celle de savoir si l'Espagne est solvable, mais bien d'arriver à la détermination du mode d'après lequel s'opérera sa libération. Son actif surpasse de beaucoup le montant des engagemens qu'il est appelé à satisfaire. Mais cet actif se compose presqu'entièrement de propriétés immobilières dont l'appropriation au besoin du crédit offre des difficultés qui sont encore à résoudre et sur lesquelles les théories modernes laissent infiniment à désirer.

Il y aurait nécessairement quelque chose de vicieux et de faux dans le système qui déprécierait la garantie de la terre, ce puissant et indispensable agent de la production, première source de l'aisance et de la richesse de tous les peuples. Mais c'est aussi une conséquence de l'avénement des nouveaux principes qui prennent possession du monde de tendre à changer la nature et conséquement l'appréciation du caractère de la propriété.

L'idée générale de la production, la constitution du travail et de l'industrie, quoique pour ainsi dire encore dans l'enfance ont déjà modifié le rôle qui appartenait à la propriété foncière. Elle est descendue au second rang. Dans notre mode d'être économique, un atelier, une boutique, une maison de banque, sont des signes d'une plus grande puissance de richesse que ne le serait un champ d'une égale valeur.

Le développement de l'action du travail a appelé le concours plus actif des capitaux nécessaires à la seconder et à l'accroître. Dès lors la représentation des valeurs qui sont le signe mouvant des capitaux, a acquis une plus grande importance parce qu'elle est devenue d'une plus grande utilité sociale. On a été porté à estimer les objets constitutifs de la richesse plutôt en raison de leur facilité de circulation que de leur valeur intrinsèque.

Une prodigieuse accumulation de capitaux a été la suite de la grande impulsion imprimée au travail par le progrès des intelligences et les conquêtes de l'industrie. La richesse ainsi accrue tend à se maintenir dans la direction sous l'influence de laquelle elle s'est développée. Le perfectionnement des institutions civiles est venu coïncider avec ce phénomène économique. Les gouvernemens représentatifs se sont multipliés sur la terre et commencent à réaliser la constitution du pouvoir dans des intérêts vraiment sociaux. La confiance dans les institutions, la conscience des garanties offertes par un régime dans lequel l'intelligence est appelée à occuper les premières places, a affermi le crédit des fonds publics et fait considérer les capitaux mis à la disposition des gouvernemens comme le placement le plus avantageux et le plus désirable. Cependant en recherchant ces sortes d'opérations, les capitalistes n'ignorent pas que les gouvernemens auxquels ils prêtent avec tant d'empressement ne rembourseront probablement jamais l'argent qu'ils reçoivent, lequel est le plus souvent dépensé en entreprises improductives.

Comment se fait-il donc que l'on confie avec sécurité et engouement des fonds que l'on sait ne pouvoir pas être rendus par celui-là à qui ils sont livrés?

Les garanties sur lesquelles reposent les fonds publics des états modernes sont de deux sortes. La première consiste dans la sécurité que l'on a de toucher le revenu provenant des intérêts attachés aux obligations représentatives des sommes prêtées. L'autre réside dans la faculté de remboursement dont jouit le prêteur, lequel est certain de vendre à volonté sa créance et de retirer des mains d'un acheteur à la Bourse le montant de son capital.

Ainsi l'impôt d'un côté, de l'autre la confiance, voilà les deux grands pivots sur lesquels roule la vaste machine du crédit. Ces deux mobiles cependant ne sont pas des causes premières, ils ne sont que les phénomènes d'une condition plus générale. C'est l'accumulation qui est la cause efficiente, la source qui alimente et maintient la faveur dont jouissent les dettes publiques constituées.

D'abord l'impôt, sous un régime véritablement représentatif, n'étant jamais disproportionné aux forces réelles de la richesse nationale, les sacrifices imposés aux contribuables pour le service de la dette sont en rapport avec les ressources du pays et par conséquent garantis par l'action générale de la production; mais la régularité du service des intérêts de la dette serait insuffisant par lui seul à imprimer et maintenir la direction prise par les capitaux en faveur des fonds publics. C'est la faculté de remboursement qui détermine le crédit et la préférence accordée à ces valeurs. Or, ce remboursement n'est pas seulement réalisable en raison de la confiance qu'inspire le gouvernement. Le gage offert par l'état serait impuissant à produire la facilité avec laquelle se font les négociations en rentes. C'est l'abondance de l'argent, c'est l'excédant des capitaux disponibles qui constitue la mobilisation de la dette et qui assure la faveur attachée au signe qui les représente.

D'après ces principes la valeur négociable des fonds publics ne dépend pas de la bonté de la garantie hypothécaire des états, mais de la situation de leurs revenus et de l'importance de la propriété mobiliaire. Le développement du travail fournit-il des prélévemens abondans au trésor, l'état peut user avec avantage de la faculté d'émettre des rentes et de s'approprier les capitaux qui lui sont volontairement offerts. Les progrès de l'industrie et du commerce, la prospérité de l'agriculture créent-ils des valeurs qui excèdent les besoins de la consommation et les demandes du travail, dès lors l'accroissement d'accumulation qui en résulte favorise le placement des signes représentatifs de la dette publique, en facilite la circulation; et c'est principalement par cette faculté de circulation que se mesure la faveur attachée au crédit des divers états. C'est donc d'après les règles particulières dont nous venons de constater la théorie plutôt que d'après les notions générales de l'économie proprement dite que se régit le système qui gouverne le crédit public.

On doit avoir déjà pressenti combien la loi de ce système est peu applicable à l'Espagne dont l'action politique et industrielle a été si différente de celle suivie par les autres sociétés chrétiennes. En effet l'Espagne est demeurée entièrement féodale sous le rapport de la constitution de la propriété. Nous avons vu que sur cinquante-cinq millions *d'aranzadas* de terre cultivée, un tiers seulement appartient aux particuliers; le reste se partage entre le clergé et la noblesse, la moitié du territoire cultivé est la propriété de cette dernière. Le commerce et l'industrie n'entrent que pour un neuvième dans la masse totale du capital social. A ces causes qui ont dû naturellement restreindre et même étouffer l'action de l'accumulation, est venue se joindre la fâcheuse influence d'institutions opposées aux principes de liberté et d'intelligence auxquels est due la prospérité matérielle des autres peuples.

Placée dans une situation si peu analogue aux circonstances où se trouvent les nations chez lesquelles a pris naissance le système de crédit public auquel on veut la soumettre, l'Espagne est cependant appelée à répondre aux nécessités d'une situation déja faite; car sa dette publique n'étant pas à créer, mais existant dans des limites effrayantes, il s'agit moins d'appliquer les principes exposés aux opérations financières qu'elle aura à entreprendre, que de rechercher le mode de liquidation le plus conforme aux conditions qui lui sont propres, aux ressources qu'elle possède, à la nécessité enfin de faire face à ses engagemens et de fonder son crédit, cet élément si important de la constitution des états modernes.

Nos recherches devant être dirigées dans ce but, et ayant démontré que les garanties d'amortissement offertes par la propriété immobilière n'influent que secondairement sur la valeur négociable des effets publics. Examinons quels sont les moyens que l'Espagne possède d'affecter un revenu fixe qui assure la régularité du service des arrérages de sa dette et facilite la circulation de ce signe de sa richesse.

Le premier élément de ce travail devra naturellement être celui de fixer quelle est la somme nécessaire pour faire face aux obligations contractées dans ce but.

Nous avons vu que le montant de la dette inscrite et liquidée s'élève à un capital de 12 milliards 64 millions de réaux, lequel à titre d'intérêt, charge l'état d'une somme annuelle de 580 millions. La partie de la dette non liquidée, mais qui en raison de son origine toute nationale et eu égard aux longues souffrances des titulaires, ne saurait être privée de la jouissance d'intérêts qui leur tiennent lieu d'indemnité, est d'environ 4 milliards et exigerait, à titre d'arrérages, un service annuel de 120 millions de réaux. Les deux classes réunies forment un capital de 15,864,475,651 (1) dont les intérêts se montent à 704,346,175 réaux, somme qui excède de 100 millions les revenus ordinaires de l'état tels que nous les avons estimés dans notre résumé historique des finances. Cependant ce chiffre déjà si élevé ne constitue que la moitié environ de la dette publique espagnole. Selon qu'il a été démontré dans le chapitre qui lui est spécialement consacré, le montant des arrérages échus et non payés joint à la dette flottante en a grossi le capital d'une somme de douze milliards.

Mais si lorsqu'il a été question d'apprécier l'héritage de la royauté absolue, d'exposer les droits, de défendre les intérêts des créanciers nationaux, nous avons cru devoir consigner ces différens chiffres dans l'entière représentation de leur valeur nominale, maintenant que la discussion des moyens de faire face au service des arrérages, nous conduit dans un terrain pour ainsi dire pratique, il n'est plus permis de négliger l'appréciation des circonstances qui sont de nature à altérer les évaluations précédentes.

En raison du retour fait à l'état des titres des

(1) Voir pages 90 et 91.

créances originairement possédées par des mains mortes, le capital de la dette antérieure à 1808 se trouve diminué de plus d'un milliard de réaux. Une somme au moins égale devra être retranchée du capital de la dette non liquidée, en raison, soit de cessions faites à l'état par les intéressés, soit du manque de pièces justificatives pour opérer la liquidation des fournitures faites par les particuliers et les communes, durant la guerre de l'indépendance. La soustraction de ces deux milliards réduit à 13 milliards environ le capital de la dette jouissant d'intérêts.

Par leur décret du 9 novembre les cortès réduisirent à 5 pour cent l'intérêt annuel de toutes la dette nationale inscrite. Dans la situation où les créanciers de l'Espagne se trouvent aujourd'hui placés, privés comme ils le sont en général du moindre revenu, ne pouvant faire aucun usage de titres sans valeur, et ne jouissant d'aucun crédit, nous ne pensons pas qu'ils hésitassent entre la conservation de leurs droits à l'intérêt stipulé dans les contrats originaires, et l'acceptation d'un intérêt moindre, dont ils entreraient en jouissance immédiate avec la pleine garantie de le conserver. On éviterait ainsi la triste nécessité d'opérer une réduction du capital de la dette, opération odieuse, puisque de quelque prétexte qu'on la colore, elle ne serait qu'une banqueroute déguisée, tandis que dans le système que nous recommandons, les créanciers resteraient toujours titulaires du principal de leurs créances, lequel pourrait leur être plus tard remboursé dès qu'auront disparu les inconvéniens qui actuellement s'opposent à la vente des biens nationaux au profit de l'amortissement.

La dette inscrite étant reconnue intégralement, mais réduite à l'intérêt de 3 pour cent, son capital s'élevant à 13,484,475,651 réaux, exigerait, en raison d'arrérages, une somme annuelle de 404,434,267. Quant à la dette sans intérêt que nous savons s'élever à 12,043,833,281 réaux, mais qui en vertu de rachats et annulations, doit être réduite au moins d'un tiers, tel est l'état de dépréciation où sont tombés les titres qui la représentent, que même sous le régime des cortès, quand cette classe de papier était admise pour toute sa valeur nominale en paiement des biens nationaux, son plus haut prix ne dépassa pas 10 pour cent, c'est-à-dire qu'il perdait 90 pour cent. Depuis, il est retombé au prix de 4 à 5 pour cent, on a même vendu jusqu'à 2 pour cent, ce qui fait 98 pour cent de perte.

Réduits à cette triste condition, les porteurs de *reditos de vales, reditos de juros* et autres détenteurs de titres représentatifs de la dette sans intérêts, regarderaient comme un bienfait au lieu d'un dommage la consolidation du capital provenant d'arrérages échus. Nous ne pensons pas que les porteurs de bons de cortès se montrassent plus difficiles relativement aux arrérages en souffrance des emprunts constitutionnels. A l'égard de ces classes de titulaires il serait dérisoire d'alléguer que la bonne foi et la justice fussent le moindrement blessées par suite d'une transaction qui aurait pour résultat de rendre à la circulation et à la vie des valeurs avilies et pour lesquelles rien n'est à espérer dans l'état présent des affaires.

Au cours actuel de ces sortes d'effets publics le capital de la dette sans intérêts qui nominalement s'élève à 3,010,705,717 fr. représente à peine une valeur de 180,642,342 fr. Consolidée et reconnue pour la moitié de son capital nominal avec jouissance d'intérêts à 3 pour cent, cette même dette acquerrait de suite une valeur négociable d'environ deux milliards de francs.

On voit qu'au lieu d'avoir opéré un retranchement quelconque au préjudice des titulaires, ils auront gagné 1,800 millions et obtenu un revenu de 30 millions pour des capitaux auparavant réduits à être vendus à 98 pour cent au dessous du pair.

Au moyen de la double opération qui vient d'être indiquée, la somme annuelle nécessaire à assurer le service des arrérages, serait modifiée ainsi qu'il va résulter de la démonstration suivante.

		Réaux vellon.
Capital de la dette inscrite et liquidée.....		12,064,475,651
Dette non liquidée..................		3,800,000,000
Total................		15,864,475,651
A déduire pour extinctions légales................	2,000,000,000	
Id. pour montant des créances constituées en faveur de la France et de l'Angleterre, et dont les intérêts ont été fixés par des traités diplomatiques.......	380.000.000 —	2,380,000,000
Total de la dette jouissant d'intérêts..		13,484,475,651
Moitié consolidée du montant de la dette sans intérêts, déduction faite des quatre milliards auxquels peuvent être évaluées les extinctions légales................		4,022,416,641
Total général de la dette consolidée..		17,506,892,292

Les intérêts de ce capital au taux de 3 pour cent, s'éleveraient à une somme de 523,206,766 réaux, sur laquelle serait à déduire la partie de la dette antérieure à 1808, dont devront se charger les colonies et que nous évaluons approximativement, et pour mémoire, à 50 millions de piastres de capital.

Nous avons dû également retrancher du montant de la dette inscrite les créances reconnues en faveur de la France et de l'Angleterre, attendu que ces obligations se fondant sur des conventions diplomatiques, ne peuvent être assujéties à la réduction d'intérêts que nous appliquons à la dette consolidée. Eu égard à ces différentes altérations, les charges totales que l'Espagne aurait à supporter en raison du service des arrérages de sa dette publique, ne dépasseraient pas la somme annuelle de 500 millions de réaux. Mais par quels moyens cette somme égale au montant des dépenses ordinaires de l'état, peut-elle être rendue disponible en faveur d'une branche de service public, jusqu'ici entièrement négligée?

On s'est principalement arrêté à trois manières d'y pourvoir :

Premièrement, par l'augmentation des impôts;

Secondement, par la vente du domaine public ou par l'application exclusive de son revenu au service de la dette.

Troisièmement, par l'appropriation à ce même objet du patrimoine public composant la dotation du clergé.

Le premier moyen fort au goût du parti agioteur, serait en tout point impraticable et funeste. — Des relevés statistiques rédigés avec plus d'originalité que de science, ont mis fort en vogue l'idée que de tous les peuples de l'Europe, le peuple espagnol est celui qui se trouve le plus faiblement taxé. Au premier aperçu, notre résumé des forces productives semblerait accréditer cette erreur, car 600 millions d'impôts sur un revenu social de 11 milliards ne supposent qu'un prélèvement de cinq et demi pour cent — or, les Français, les Allemands, les Hollandais et les Belges contribuant, dira-t-on, au soutien des charges publiques dans la proportion moyenne du 8e de leurs revenus, pourquoi le peuple espagnol au moment où il va s'associer au mouvement industriel du monde, et profiter des avantages d'une civilisation bienfaisante, serait-il exempté de subir une augmentation d'impôts en rapport avec l'utilité qu'il doit recueillir des progrès auxquels il est appelé?

Ici, comme dans la plupart des questions où l'on veut appliquer à l'Espagne des règles faites pour un ordre de faits, existant ailleurs que dans ce pays, on raisonne dans une complète ignorance de sa situation.

Indépendamment des sommes perçues par le trésor et appliquées aux dépenses générales du gouvernement, l'existence de l'établissement religieux, le soutien des fondations léguées par l'esprit de catholicisme, l'entretien de 150,000 individus des deux sexes, appartenant aux ordres mendians, lesquels ne possédant pas de biens patrimoniaux vivent entièrement d'aumônes, imposent au peuple espagnol des charges annuelles et permanentes, qui réunies au prélèvement de l'impôt, s'élèvent ensemble au-delà de trois milliards de réaux, somme qui comparée au revenu social, est égal au quart; d'où il suit que l'Espagnol paie le double que les habitans du pays considérés comme le plus lourdement taxés, l'Angleterre toutefois exceptée. — Ainsi tombe l'erreur accréditée par les traités de géographie et autres ouvrages élémentaires, sur l'autorité desquels des écrivains d'ailleurs recommandables, considèrent l'impôt comme susceptible d'un grand accroissement.

Il est vrai que le chiffre du budget comparé à celui de la population de l'Espagne, établit un rapport très-inférieur entre le revenu et le nombre des habitans. Mais l'impôt dans l'acception générale de ce mot ne comprend pas seulement le montant des cotes payées au percepteur. Tout emploi de fonds qui n'aboutit point à la consommation, à la reproduction ou à l'épargne, est de sa nature une perte, qui diminue le revenu disponible et borne la faculté d'imposer.

Ainsi l'Anglais sur lequel pèse un fardeau énorme prélevé par le fisc sur le produit de son travail, est obligé d'agrandir le cercle de ses facultés productives pour avoir de quoi satisfaire aux besoins de sa civilisation avancée. Le Français ne doit qu'à la supériorité de son système administratif, sa plus grande facilité à supporter l'accroissement des taxes qui le grèvent.

Les habitudes, les mœurs, l'esprit et le penchant des Espagnols leur attribuent des charges particulières, dont il serait aussi impraticable que difficile de les détourner. La destination volontaire que l'homme donne au fruit de son travail, n'est pas de nature à être atteinte par la loi. Le tribut régulier que l'Espagnol s'impose en faveur de la congrégation dévote, à laquelle il est affilié, l'aumône qu'il réserve pour le mendiant et l'hermite établi sur la colline voisine de son village, l'épargne amassée pour faire appliquer des messes à l'âme du parent ou de l'ami qu'il croit en purgatoire, les offrandes reservées pour le saint sous l'invocation duquel chaque fidèle aime à se placer, les sommes dépensées à embellir les processions, à rendre les fêtes religieuses somptueuses, voilà autant de nécessités sociales auxquelles il pourvoit et dont il faut lui tenir compte quand on veut accroître le fardeau déjà si lourd, qui pèse sur sa chétive industrie (1).

---

(1) *Relevé des dépenses supportées par le peuple espagnol, en raison d'impôts de toute nature.*

Impositions et droits d'origine féodale.	64,000,000
Dépenses communales et d'administration locale.	410,000,000
Dépenses générales de l'État, liste civile comprise.	897,000,000
A reporter	1,371,000,000

Quant à la vente du domaine public ou à la destination de son revenu au service des arrérages de la dette, ce serait sans doute un mode de liquidation fort expéditif, mais la première de ces opérations ne s'effectuerait présentement, qu'avec détriment et défaveur ; on sacrifierait à vil prix des propriétés immenses, tandis que par la suite et lors du rétablissement de la confiance, le gouvernement pourra en disposer avec estimation et dans des intérêts publics mieux entendus. L'affectation du revenu au service de la dette n'aurait pas le même inconvénient, mais

---

Report.........		1,371,000,000
Dépenses occasionnées par l'établissement religieux, savoir :		
Bula de *cruzada.*	22,000,000	
Bulles d'évêques.	500,000	
Congrégations.	11,000,000	
Dispenses à la cour de Rome.	8,000,000	
Casuel.	127,000,000	
Dîme.	700,000,000	
Excusado.	30,000,000	
Primicia.	230,000,000	
Têtes religieuses.	490,000,000	
Messes.	55,000,000	
Mortajas.	7,000,000	1,680,500,000
Grand total.		3,051,500,000

elle greverait les communes des dépenses locales aujourd'hui supportées par les revenus de *propios*.

Reste le troisième des moyens indiqués, consistant dans la disposition des revenus et des rentes qui composent le patrimoine du clergé. L'expérience de ce qui s'est passé sous le régime constitutionnel, lors de la vente des biens patrimoniaux des couvens dévolus au domaine national, a démontré les graves inconvéniens attachés à ce mode de liquidation.

La dépréciation où était tombé le papier contre lequel s'échangèrent les propriétés nationales, le défaut de confiance inséparable des opérations consommées sous l'influence d'un régime révolutionnaire, firent tomber entre les mains de quelques riches compagnies, tout ce qui se trouva à leur convenance. Les propriétés recherchées par elles, leur furent généralement adjugées pour le prix de l'estimation première. Payées en papier coûtant en numéraire depuis 8 jusqu'à 20 pour cent, elles acquirent au prix moyen de 14 pour cent de leur valeur intrinsèque les plus beaux domaines et les terres les plus fertiles de l'État. Le résultat final de l'opération aurait été l'aliénation d'un capital de

8 milliards de riches propriétés, contre des titres dont la valeur réelle n'égalait pas le cinquième de cette somme.

C'est d'ailleurs une question sur laquelle le jugement de la génération élevée sous l'influence des principes de l'école du XVIIIe siècle, est en appel devant les idées plus philosophiques et plus larges du XIXe, que celle de savoir si la chute des établissemens du catholicisme doit se consommer au profit des intérêts fractionnaires de l'individualité, ou si l'application sociale des biens originairement donnés au clergé au seul titre de la mission de civilisation qu'il avait à remplir, ne sera pas plus conforme à l'esprit de nos nouvelles mœurs.

Quelle a été la conséquence du morcellement et du partage des propriétés ecclésiastiques, consommé en Angleterre et en France, par leurs révolutions respectives?

Dans le premier de ces pays, une noblesse entreprenante et éclairée a recueilli l'héritage des couvens et des fondations pieuses. Elle s'en est enrichie, et a constitué sa puissance sur la possession presque exclusive du sol.

L'action de la loi civile a favorisé en France le partage plus égal de la propriété foncière.

mais le sort de la classe dans l'intérêt de laquelle ces changemens se sont opérés, s'est-il réellement amélioré? On l'a ainsi cru tant que l'on a été sous l'influence des premiers essais d'organisation tentés après l'explosion révolutionnaire.

Sous l'empire et jusqu'aux derniers temps de la restauration, on a été unanime dans la croyance que le bien-être, la subsistance et la moralisation de la classe la plus nombreuse étaient désormais des conséquences inséparables des changemens intervenus.

Quel est l'écrivain, qui, de nos jours, prendra sur lui la responsabilité d'une semblable doctrine? La constitution politique de la France ne se trouve-t-elle pas menacée en vertu des griefs articulés par la grande masse des travailleurs? De tous côtés n'entendons-nous pas les cris de la souffrance et du désespoir des êtres qui, au milieu des joies de la richesse, des merveilles de l'industrie, répudient un ordre social pour eux sans sympathie et sans entrailles, sous lequel ils périssent, qui les livre au mépris, à l'idiotisme et à la douleur?

Dans cette France et dans cette Angleterre, qui, certes, n'ont plus aucun sacrifice à demander aux établissemens catholiques, le conflit n'est-il pas plus grave, la dissidence plus acharnée, entre les classes pourvues et celles dont l'hostilité est animée par la difficulté de pourvoir à leur existence, qu'ils ne l'étaient avant la chute des institutions catholiques entre le clergé et l'ordre civil? De l'aveu de tout le monde, n'en est-on pas venu à regarder l'accumulation illimitée de la propriété individuelle comme la cause essentielle du malaise général? L'expropriation consommée sur les moines, ne menace-t-elle pas à son tour les grands propriétaires laïcs?

Il est permis de se demander en vue d'un tel état de choses, si la disposition des propriétés ecclésiastiques en faveur des banquiers et des capitalistes, est la mesure la plus sage à adopter dans un pays qui, comme l'Espagne, entre dans la voie des réformes et de l'organisation nouvelle, riche d'un patrimoine immense et entièrement disponible au profit d'institutions d'intérêt public?

Si le clergé est trop riche, si c'est un mal qu'il possède plus de biens qu'il n'est nécessaire à son entretien, le meilleur moyen d'y remédier n'est-il pas d'en appeler aux lumières de la discussion et de l'expérience, avant de disposer de l'excédant de sa dotation? L'influence sociale du clergé ne saurait être à craindre, dès que le flambeau de l'intelligence humaine a cessé de luire entre ses mains. Moralement il remplit une mission qui n'est pas encore à son terme, mais sous le rapport politique, c'est un ennemi qu'on ne gagne plus à combattre. Les biens dont il jouit encore, il ne le sait que trop lui-même, ne lui appartiennent plus, ils sont à la disposition de la première loi qui leur donnera une destination plus conforme à leur origine. Si cette loi était mauvaise, ce serait un mal que ces biens reçussent aujourd'hui une destination; mieux vaut qu'ils restent entre les mains de leurs possesseurs, ou dans celles de l'État. Quand viendra la doctrine assez forte qui nous tirera des incertitudes, du vague et des petitesses de notre état présent, ces biens recevront une application utile, grande et généreuse. Que les législateurs actuels ne se hâtent donc pas d'empiéter sur le domaine de l'avenir. En attendant il leur appartient de ne pas dénaturer le patrimoine du peuple, car s'il y a un propriétaire légitime de la dotation ecclésiastique, c'est certainemant la classe dans l'intérêt de laquelle l'église fut enrichie.

Laissant donc, jusqu'à ce qu'on arrive à des doctrines économiques, vraies et larges, les biens patrimoniaux du clergé entre les mains des simples dépositaires qui en jouissent, on pourrait néanmoins dès à présent, atteindre la réforme si vivement sollicitée de l'établissement ecclésiastique, par des moyens qui procureront à la fois le soulagement des charges supportées par les travailleurs, la diminution de la trop grande part de richesses attribuées au clergé, en même temps qu'ils fourniront de quoi suffire au service des arrérages de la dette consolidée.

La suppression de la dîme combinée avec les mesures qui en sont inséparables, assureront ces résultats importans.

Le clergé lui-même serait le premier à qui profiterait l'abandon d'un impôt qu'il est désormais dans l'impuissance de conserver ; le sentiment des populations est devenu tout-à-fait hostile à la continuation d'un tribut vexatoire, et à jamais dépouillé du caractère de sainteté, qui jusqu'ici l'avait recommandé dans leur esprit. Le prestige attaché à cette ancienne coutume, disparut devant les célèbres discussions qui eurent lieu au sujet de la dîme dans les précédentes Cortès. On entendit alors des prêtres éminens par leur science, autant que pieux et vénérés, démontrer, appuyés sur l'autorité de l'histoire et des pères, l'origine toute profane d'une coutume si onéreuse à la prospérité des peuples. Les Cortès de 1821, réduisirent de moitié la dîme; son rétablissement ordonné par la restauration, fut accueillie par la défaveur générale. C'est, l'on peut hautement le dire, la plus menacée des institutions antiques.

Nous avons ailleurs démontré que l'effet immédiat de l'abolition de la dîme, doit être celui de hausser le loyer des terres. Or, cet accroissement du revenu entièrement au profit des propriétaires du sol, ne saurait être converti en un don gratuit, puisqu'il tournerait au détriment de toutes les autres classes de travailleurs. Mais les droits du pays et l'intérêt despropriétaires se trouveraient également conciliés par la constitution d'annuités à la charge de ces derniers, lesquelles opéreraient le rachat de l'augmentation du capital survenu à leur profit. Le taux ordinaire auquel s'évalue la *capitalisation* des servitudes permanentes à la charge de la propriété foncière, est celui de quarante annuités, égale chacune au revenu moyen. Adoptant cette base pour le rachat de la dîme, les propriétaires territoriaux seraient tenus de servir pendant quarante ans une redevance annuelle, laquelle ne saurait être portée au-dessous de 600 millions de réaux, car indépendamment de la dîme perçue par le clergé, une part presque égale est perçue par les seigneurs en vertu de concessions féodales. C'est sur cette classe de propriétaires, nous ne l'ignorons pas que porterait l'effet de la mesure proposée. Le mécontentement dont elle pourrait devenir l'objet de leur part, doit cependant trouver un contre poids dans des considérations d'intérêt auxquelles les grands propriétaires territoriaux ne sauraient rester insensibles. Nous avons vu que la moitié du territoire cultivé de l'Espagne, appartient à la noblesse féodale. Un grand procès dirigé contre elle, fut porté devant les Cortès constituans de Cadix, et continué devant les assemblées nationales tenues à Madrid en 1821 et 1822. Un grand nombre de communes du royaume se plaignirent des usurpations, selon elles, commises à leur détriment par les seigneurs féodaux. Elles demandèrent que ces derniers fussent tenus d'exhiber les titres des concessions royales, en vertu desquelles ils se donnent pour légitimes possesseurs des terres qu'ils occupent dans la circonscription des communes demanderesses.

Deux résolutions successives des Cortès accueillirent le vœu des pétitionnaires. *Le veto royal* vint suspendre l'effet de ces décisions législatives, et préserva la noblesse de l'expropriation qui la menaçait. Ce grand procès suspendu par les événemens, pourrait prochainement reparaître. La noblesse actuellement investie par le statut royal d'un pouvoir politique, en ferait un usage aussi sage qu'éclairé, en profitant de sa nouvelle position pour amener une transaction favorables à ses intérêts. En consentant à l'abandon de la forte part qu'elle prend de la dîme, elle acquerrait auprès des mandataires du peuple, des titres à une indemnité, qui lui serait acquise en la maintenant dans la possession contestée de ses domaines territoriaux, ses droits sur eux deviendraient dès-lors inattaquables, confirmés par le vœu national et légitimés par le sacrifice que la noblesse serait appelée à faire, en effectuant le rachat de la dîme imputable à ces mêmes terres.

Le résultat de cette combinaison procurerait à l'état un revenu de six cents millions au moins, pendant l'espace de quarante ans. C'est cent millions de plus que n'exige le service annuel de la dette consolidée.

Le trésor public en déficit depuis un demi siècle, jouirait ainsi d'un excédant de recettes. La réforme du tarif des douanes demandée par tous les hommes éclairés de l'époque, en cessant d'arrêter le développement naturel du commerce espagnol, produirait une augmentation de recettes qui ne peut être évaluée au-dessous de cinquante millions de réaux. Les améliorations dont d'autres branches du revenu sont également et progressivement susceptibles grossiraient en peu d'années cette somme. Le domaine public dont le revenu ne change pas de destination, donnant un excédant de 44 millions (1), voilà deux cents millions bien clairs et bien nets d'excédant annuel qui resteront disponibles et formeront dès aujourd'hui une réserve, laquelle ferait cesser l'état de gêne et de

(1) Voir page 105.

pénurie qui assiége le trésor et l'engage dans la voie ruineuse des emprunts où il se traîne sans pouvoir en sortir. On posséderait enfin un fond de réserve en numéraire applicable à l'amortissement.

Nous ne pensons pas que l'on nous conteste des résultats qui sont la rigoureuse déduction de principes découlant eux-mêmes de faits d'une nature incontestable.

Relativement à la dette, nous n'en diminuons pas le chiffre. Le système que nous exposons n'impose aux créanciers aucun sacrifice réel. La diminution des intérêts ne saurait être envisagée comme une perte pour eux, attendu que le taux plus élevé, auquel les titres de leurs créances leur donnent originairement droit, est entièrement nominal. De fait, ils ne jouissent d'aucun revenu. Le débiteur est depuis vingt ans hors d'état de leur payer les intérêts stipulés à des époques de puissance et de prospérité, dans un temps où le pays était le distributeur de tout le numéraire qui circulait dans le monde, alors que l'argent avait une valeur aujourd'hui diminuée par l'accroissement et l'accumulation des capitaux. Substantiellement donc on ne retrancherait ni un revenu, ni un avoir quelconque aux titulaires de créances portant des intérêts stipulés depuis 5 jusqu'à 10 pour cent. Ces intérêts leur ont été jusqu'ici payés en reconnaissances, dont le cours négociable n'a jamais excédé 10 pour cent, c'est-à-dire 90 pour cent au-dessous du pair. A l'avenir ils toucheraient un intérêt fixe en numéraire, dont le taux est en rapport avec le prix courant de l'argent dans les principaux marchés du monde. Le capital de ces créances étant d'ailleurs reconnu en entier, quand le crédit de l'Etat se sera fortifié par le progrès du temps et des institutions, le 3 pour cent espagnol approchera et même atteindra le pair, ainsi qu'il arrive pour le 3 pour cent anglais. Loin que la combinaison à laquelle nous nous sommes arrêtés soit une banqueroute, elle met un terme à la banqueroute de fait où l'Espagne se trouve. Elle assure à ses créanciers un présent équitable en même temps qu'elle leur ménage un avenir susceptible d'améliorations.

Les avantages à espérer pour l'État ne sont pas inférieurs à ceux qu'on obtiendrait en faveur des créanciers. La moralité du pays brillerait du plus vif éclat; son crédit se trouverait réhabilité et fortement assis. Il acquerrait une réserve qui constituerait le plus riche fonds d'amortissement qui soit à la disposition d'aucun État, l'Angleterre et la France non exceptées. Il se délivrerait à la fois, et l'une par l'autre, de deux plaies hideuses, la dîme et la dette, dont l'une grève l'agriculture et restreint l'impôt, l'autre déconsidère l'État en même temps qu'il l'affaiblit.

Tout cela s'obtiendrait sans augmentation des charges actuelles, sans toucher au domaine national, sans entamer le patrimoine ecclésiastique, lequel appartient à l'*époque constitutive du nouvel ordre social.*

On ne saurait dire que nos raisonnemens restent sujets aux mécomptes qui d'ordinaire suivent les systèmes basés sur des principes douteux, ou déduits d'un ordre de faits mal appréciés.

La dîme est un impôt existant. Son produit réel, loin qu'il soit inférieur, excède l'évaluation des 600 millions auxquels nous l'avons porté. Que si c'est au seul nom de l'intérêt public, dira-t-on que cet impôt doit être aboli? L'intérêt public n'exige-t-il pas aussi le paiement de la dette nationale? Nous ne sachons pas que l'on gagnât quelque chose à abolir purement et simplement cet impôt si l'on est obligé de recourir à des nouvelles charges pour subvenir à des besoins urgens.

Qu'il nous soit permis d'aller au-devant d'une nouvelle et dernière objection. La destination donnée à la dîme, est-il dit, laissera au dépourvu le clergé, et son hostilité excitée contre le nouvel ordre de choses mettra en danger la tranquillité publique. Nous avouerons qu'il nous semblait avoir suffisamment pourvu à l'existence du clergé en recommandant de ne point le troubler dans la possession de ses biens patrimoniaux dont le revenu s'élève à 700 millions de réaux (1). Si, toutefois, on éprouvait des difficultés à opérer une égale distribution de ce revenu, si d'ailleurs il se trouvait trop diminué par la nécessité d'accorder des pensions aux nombreux individus des deux sexes appartenant aux ordres monastiques, dont la suppression sera peut-être immédiate, la pitié du peuple espagnol pourvoirait d'autant plus facilement à compléter la dotation des ministres du culte, qu'en réalité l'impôt réparti dans ce but ne constituerait pas pour lui une nouvelle

(1) Voir page 109.

charge. Il suffirait aux fidèles d'en prendre le montant sur le fonds de leurs déboursés religieux. Une simple mutation de dépense atteindrait complètement le but. L'économie de quelques cierges destinés aux neuvaines, les frais d'un pélerinage mis en réserve, le luxe des processions et des rosaires un peu restreint selon l'esprit évangélique, fourniraient de quoi assurer la dotation des desservans de l'autel.

Quant aux autres résultats que nous annonçons comme la conséquence de la mesure indiquée, il est à peine nécessaire d'insister combien ils sont plausibles. Ne découlant pas de l'adoption d'un nouveau système de finances, ne les faisant pas dépendre de l'éventualité de mesures non éprouvées, ils sont garantis par l'expérience comme des faits produits par le mode existant auquel nous n'apportons aucun changement.

CHAPITRE X.

DE LA NÉCESSITÉ D'ÉTABLIR UNE ENQUÊTE AU SUJET DE LA DETTE NATIONALE.

Cet ouvrage n'a pas été écrit pour accréditer un système particulier de finances, encore moins pour défendre un mode spécial de liquidation de la dette publique.

Après avoir exposé la situation économique et financière de l'Espagne, après avoir démontré qu'elle était en tout point rassurante, après avoir conclu, appuyé sur les faits, que le pays possède en surabondance, les moyens de faire honneur à ses engagemens, il ne nous était pas permis de dissimuler notre conviction, ni de manquer à nos croyances en nous refusant à la preuve des assertions et des principes que nous avions émis. — C'est pourquoi dans le chapitre précédent nous avons dû spécifier un système et établir comment devenait réalisable la doctrine professée.

Toutefois le système développé par nous, n'est pas le seul qui puisse être convenablement adopté pour la libération de l'Espagne.—Ce système, simple il est vrai, naturel, en rapport avec les conditions du pays, en harmonie avec le besoin qu'il éprouve de réformes et auxquelles il ouvre la voie, a été entièrement puisé dans l'étude des ressources offertes par le mode de sa constitution présente. — Mais ce mode est, nous le reconnaissons susceptible, d'autres combinaisons dont la discussion reste ouverte aux lumières et aux patriotisme des cortès qui s'assemblent.

Nous avions cependant à cœur de proclamer ces deux principes fondamentaux, selon nous.

Premièrement que l'Espagne doit reconnaître toute sa dette, parce qu'elle a les moyens de la payer.

Secondement qu'on ne doit pas pourvoir à ce service, en chargeant le peuple d'impôts.

Ces deux principes élevés au rang de démonstration, par les lumières que la discussion a fait jaillir, notre but aura été atteint. — Nous aurons démontré que les malheurs de l'Espagne, causés par le gouvernement qui l'a conduit à sa ruine, sont réparables en vertu de la force, et de la vie qui résiste encore dans le corps de la nation. — L'Espagne est un malade affaibli par les pernicieux effets du régime où l'avaient condamné d'ignorans empiriques, mais dont la jeunesse et l'excellente constitution offrent à l'art mille ressources, pour le rendre à la vigueur et à la santé.

La question de la dette publique est peut-être la plus importante de toutes celles qui vont s'agiter devant la nouvelle assemblée; et c'est précisément en raison de son extrême importance, qu'il est avant tout nécessaire de la résoudre dans l'ordre des idées nationales et des intérêts bien entendus du pays.

Il est cependant douteux, il est peu probable que la pensée publique se trouve suffisamment mûrie, pour aborder une solution immédiate. — Cette question intimement liée à celle des réformes et de l'organisation nouvelle, court risque d'être traitée en question politique plutôt que sous le point de vue économique et social qui lui appartient. Il est à craindre que les hallucinations de l'esprit de parti ne s'en emparent. En haine des emprunts et des manœuvres odieuses des affidés de la restauration, une opinion d'ailleurs nationale et consciencieuse, se laissera peut-être entraîner à la funeste théorie de la banqueroute.

Sous prétexte de continuer l'œuvre des cortès précédentes, des hommes insinuans et habiles pourraient parvenir à imposer à la nation un système qui entrainerait le renouvellement des fautes du passé. — En matière aussi délicate, la précipitation est ce qu'il y a de plus à craindre. — Les cortès actuelles se montreraient oublieuses des sévères leçons de l'expérience, si, suivant l'exemple de leurs devanciers, elles se croyaient obligées de ne pas laisser écouler la présente session, sans prendre une résolution définitive à l'égard de la dette publique.

Les idées générales ne sont pas suffisamment formées en Espagne, sur cet important sujet. — La connaissance des élémens de la matière y est très-peu répandue ; d'ailleurs ces élémens eux-mêmes sont en partie encore à rassembler. — Il y a dans ce pays une circonstance, qui malheureusement empêchera pour long-temps encore que les questions d'intérêt public, ne s'y traitent avec maturité d'examen. Le gouvernement a tout fait jusqu'ici par lui-même, les opinions officielles étaient les seules qui eussent cours. Aussi dès que les opinions individuelles ont pu aspirer à exercer de l'influence sur les affaires, ont-elles pris le rôle diamétralement opposé. — Elles sont devenues systématiquement agressives de tous les actes du pouvoir. — Cela s'est vu sous les deux régimes. — Tyrannie du pouvoir sous l'absolutisme ; tyrannie de l'opinion, sous le système libéral. L'autorité générale des idées et de l'intelligence a été peu comprise. — L'homme sous ce climat de feu, s'abandonne de préférence à l'instinct de ses passions.

La pensée du régime actuel a été d'établir la balance, entre les deux principes qui se disputent l'ordre social. — Le statut royal est-il une digue assez puissante, une concession assez forte pour contenir dans leur lit respectif les deux torrens qui se précipitent à l'encontre l'un de l'autre? L'œuvre du temps ne saurait être devancée. — Loin de nous, d'ailleurs, l'idée de vouloir affaiblir des institutions naissantes, alors surtout qu'elles se trouvent menacées par les ennemis aveugles de tout progrès. — Résumons-nous en répétant qu'il serait imprudent de se prononcer définitivement pour un système de crédit quelconque dans le cours de la session qui vient de s'ouvrir.

Des nombreux matériaux et des renseignemens divers, qui sont les élémens indispensables d'où doit jaillir la lumière propre à éclairer les questions de finances, les cortès ne trouveront rassemblé que ce qui a pu l'être par les soins du gouvernement ; or, l'opinion de ce dernier est nécessairement une opinion intéressée, déjà engagée en faveur d'un système particulier, car on ne gouverne qu'au seul titre de posséder des idées arrêtées sur de pareilles matières. Cependant devons-nous supposer que les doctrines du pouvoir soient infaillibles et *omnisavantes*? Dussent-elles l'être en réalité, d'autres intérêts non moins légitimes, ont le droit de se faire entendre. Ils ne pourront le faire par la presse, car la *censure* existant en Espagne pour toutes les matières du ressort de la politique, la voie de la discussion reste fermée aux doctrines qui déplairont aux ministres. Ainsi, les cortès seraient appellées à prononcer sur le sort des créanciers de l'État sans avoir pu les entendre.

Nous avons fait connaître les injustices et les violences commises par la restauration à l'égard des citoyens Espagnols. La banque, spoliée par une transaction imposée par la force, la compagnie des Philippines contrainte à une liquidation onéreuse, ne sont pas les seuls intéressés qui aient été frustrés dans leurs droits. Quelque généreuses que l'on aime à supposer les dispositions des nouveaux élus en faveur des victimes de l'arbitraire, le premier devoir de la tutelle que les cortès auront à exercer, est celui de laisser parvenir jusqu'à elles les griefs, les vœux et les espérances des créanciers nationaux. D'ailleurs, les questions qui se rattachent à la dette de l'Espagne, simples en principes, offriront des difficultés nombreuses dans l'application.

Pour ne citer qu'un seul exemple, la créance

reconnue en faveur de la France, et dont l'origine est si odieuse, n'est-elle pas sujette aux termes du traité dont elle émane, à une révision qui admet les droits de l'Espagne à des réclamations encore pendantes, lesquelles remontent au règne de Philippe V?

Le traité de décembre 1828, par lequel l'Espagne se reconnut débitrice du trésor français de la somme de 80 millions, à l'intérêt de quatre pour cent, fut un petit acte de terreur du ministère benin de M. de Martignac. Il craignait les attaques de l'opposition sur le découvert où se trouvait le trésor en raison de ses déboursés pour soutenir la contre-révolution en Espagne. L'ambassadeur de France à Madrid reçut l'ordre d'exiger la reconnaissance immédiate des sommes avancées, et de demander ses passeports dans le cas où le gouvernement espagnol apporterait le moindre délai à le satisfaire. La restauration redouta le scandale d'une rupture avec la cour de France, et accéda à l'injonction; mais comme nous l'avons insinué, elle obtint par un article secret du traité, la reconnaissance des droits de l'Espagne aux réclamations articulées. Le terme d'un an prorogeable, du reste, s'il était reconnu insuffisant, fut stipulé pour procéder à une liquidation générale, laquelle devait s'effectuer à Paris. Une commission fut nommée; et divers chariots chargés de liasses de papiers composant les pièces et documens relatifs à cette affaire, prirent en effet le chemin de la France ; nous ignorons leur destination ultérieure, probablement les poudreux dossiers arrivèrent sans accident à Paris, mais la révolution de juillet ayant dissous la commission, on n'en a plus entendu parler.

La notoriété publique a aussi porté à notre connaissance l'existence d'un solde de plusieurs millions entre les mains de la maison Hope d'Amsterdam, provenant des emprunts négociés par elle en 1805. Cette somme se trouvait, à ce qu'il paraît, à la disposition de don Eugenio Izquierdo, agent diplomatique du prince de la Paix, auprès de Napoléon, au moment où éclata la révolution d'Aranjuez. Malgré l'aveugle prévention et la défaveur outrée dont cet ancien ministre a été l'objet, il paraît qu'il a eu la générosité de renoncer aux droits que la bonté de Charles IV lui avait donné sur ces capitaux; peut-être croyait-il par ce moyen désarmer la colère de Ferdinand, et obtenir la levée du séquestre dont continuent d'être frappés ses biens. Quel est l'état actuel de cette affaire? L'Espagne profitera-t-elle de la restitution que le banni a entendu faire en sa faveur?

Quand on considère qu'aux exemples que nous venons de citer, nous pourrions en ajouter beaucoup d'autres; quand on songe aux mystères encore à pénétrer, aux droits à revendiquer en faveur du pays, dans la plupart des transactions où ses intérêts ont été en jeu, soit à l'égard des autres peuples, soit à l'égard des particuliers; quand on connaît la confusion, le désordre, les affaires compliquées et louches que nous ont léguées l'incapacité et la faiblesse des gouvernemens du passé, on se demande avec inquiétude si les cortès devront se contenter pour toute pièce de conviction, de l'exposé de motifs du projet ministériel sur la dette publique; si même le rapport d'un comité de finances sur ce projet de loi exercera un contrôle suffisant contre les erreurs, les abus, les malversations auxquelles en dépit de la probité des ministres et du zèle des députés, pourrait donner lieu ce chaos financier?

Notre souvenir se transporte involontairement à l'époque où la reconnaissance des emprunts de Hollande, par les cortès de 1820, servit de prétexte aux diffamations qui pendant dix ans ont pesé sur la réputation d'hommes d'état honorables dont la malheureuse dissidence avec l'opinion la plus progressive a été fatale à eux-mêmes et aux intérêts de la liberté. L'opinion était très-divisée sur la convenance d'admettre les arrérages en souffrance des obligations Hope, aux mêmes conditions que le capital de cette dette. A la suite de longues discussions, l'avis des hommes dont nous parlons prévalut dans les cortès, et entraîna une résolution favorable aux créances hollandaises.

Les adversaires de cette mesure l'attaquèrent avec une vivacité inouie, et la malveillance s'en empara pour accréditer le soupçon que les orateurs, qui avaient entraîné le suffrage des cortès, avaient agi dans leur intérêt privé, étant eux-mêmes détenteurs de bons hollandais.

Faudra-t-il donc s'exposer de nouveau à ce que le sort des emprunts des *cortès* de l'emprunt *Guebhard*, de la *rente perpétuelle*, puissent dépendre de l'appui que l'éloquence de tel ou tel député, l'ascendant et la clientelle de tel ministre influent, prêteront aux intérêts de la haute banque?

A aucune époque les complications qui se

rattachent aux hautes questions d'intérêt public ne furent aussi graves ni aussi nombreuses que le sont les affaires d'intérêt privé, liés au sort de la dette espagnole. La plupart des banquiers qui depuis quinze ans ont négocié des emprunts pour le compte de l'Espagne, tant à Paris qu'à Londres, sous les cortès comme sous la restauration, ont les uns des résidus de solde à payer, les autres des comptes à rendre. Ces différentes liquidations, toutes d'intérêt national, devront-elles se poursuivre à l'insu du public, et sans que les regards de l'investigation générale y pénètrent pour les épurer ?

Les traités à conclure avec les républiques de l'Amérique espagnole, ne devront-ils pas aussi exercer une influence sur la garantie de la dette, qu'il est important de constater avant que de prendre des arrangemens définitifs ?

Ces hautes considérations d'intérêt public nous semblent s'opposer de la manière la plus formelle à ce que rien ne soit précipité sur des questions qui appellent les lumières de la discussion, l'appui des faits et le contrôle éclairé de l'opinion.

Un vice de méthode a jusqu'ici présidé aux travaux des assemblées représentatives délibérantes que pour la première fois depuis trois cents ans, l'Espagne a vu se réunir dans ce siècle. Ce vice, explicable d'ailleurs par la double influence des principes constitutifs du catholicisme, qui font l'essence de l'esprit national, et du principe philosophique dont l'action remonte au règne de Charles III, a consisté dans la prépondérance que le dogme légal d'un côté, les doctrines constituantes de l'autre, ont acquis aux principes absolus, entiers, indivisibles, sur la doctrine de l'examen, sur la méthode expérimentale proprement dite.

A partir de la constitution de 1812 jusqu'aux moindres réglemens d'intérêt local votés par les cortès, tout a été conçu, élaboré, discuté, adopté, sous l'influence des idées exclusives des députés, sans que, pas une seule fois, même sur les questions d'un intérêt le plus général et dont les conséquences devaient affecter des classes entières de la société, on ait le moindrement senti le besoin de s'entourer d'autres lumières, de consulter d'autres faits que ceux à la portée individuelle des membres de l'assemblée.

Cet oubli du système qui invoque l'appui des phénomènes sociaux dans l'ordre constitutif dans lequel ils se produisent, oubli qui consiste à négliger le témoignage des agens spéciaux des différentes parties de l'organisation sociale, est un obstacle insurmontable aux progrès du régime représentatif. Dès qu'il s'agit de questions qui affectent les intérêts matériels des peuples, la vérité ne saurait jaillir que du contact immédiat de ces intérêts eux-mêmes. Ainsi, dans les changemens à introduire dans les relations commerciales du pays, dans l'adoption des réglemens qui influeront sur l'agriculture et l'industrie, il devient nécessaire de multiplier les renseignemens, de mettre en regard les opinions et les intérêts opposés, d'instruire enfin un grand procès-verbal des faits sur lesquels devra s'élever la nouvelle théorie.

Ce système en usage en Angleterre, où nulle grande question d'intérêt national n'est soumise aux délibérations du parlement, sans avoir auparavant subi l'épreuve d'une longue et sévère enquête, est, selon nous, la cause essentielle des heureux effets attribués à la législation économique de cet admirable pays.

Nous sommes intimement persuadés que si la sagesse et les larges vues spéculatives, dont étaient douées les cortès de 1820, eussent recherché l'appui de ce puissant instrument de connaissance, elles auraient su éviter les graves fautes qui compromirent la révolution, et lui aliénèrent l'esprit du peuple. A coup sûr, si le misérable système de finances élaboré dans le comité de cette dernière assemblée, et en grande partie l'ouvrage d'un adepte de l'école impériale, eût été précédé d'une enquête publique, jamais on n'aurait adopté la trop célèbre loi sur l'enregistrement contre laquelle s'élevèrent tous les plaideurs du royaume, et qui en grande partie motiva le soulèvement de la Catalogne.

Nous assistions un jour à une séance de ces mêmes cortès de 1820. On discutait une loi sur la libre pâture du bétail transmigrant, question qui touche aux plus vifs intérêts des éleveurs de troupeaux, classe riche et considérable, principalement en Castille.—L'assemblée, gagnée aux doctrines de Jovellanos, adoptait d'entraînement les différens articles de la loi tous favorables aux propriétaires des terres. Un paysan des montagnes de Léon placé à nos côtés à la tribune, prenait un intérêt marqué aux discours des orateurs. Les écoutant vanter les avantages que la clôture des terres procurerait à l'agriculture, célébrer les merveilles dont serait

suivi le morcellement des fermes; mon voisin observa : « Ces messieurs ne s'aperçoivent-
» ils donc pas qu'en voulant favoriser la pros-
» périté à venir, ils ruineront la prospérité pré-
» sente; nos troupeaux font notre richesse ac-
» tuelle, et commencer par détruire l'état flo-
» rissant de notre commerce de bestiaux et de
» laines, me semble un mauvais moyen de
» travailler au bien public. »

Dans ce moment on mettait aux voix l'ensemble de la loi qui renversant l'usage existant plaçait les éleveurs de troupeaux à la discrétion des propriétaires, maîtres désormais d'élever à volonté le fermage des pâturages. Comme tout avait été résolu à l'avantage des propriétaires, mon voisin montrait une anxiété visible sur l'absence de dispositions qui au moins ménageassent aux éleveurs le temps nécessaire pour se conformer à leur nouvelle situation. L'adoption définitive de la loi ayant frustré son espoir, il ne fut plus maître de son impatience et il s'écria hors de lui-même et d'une voix assez élevée pour être entendue dans l'enceinte législative.

« *Pero Señores y el ganado que comerá este año? habrá de perecer?* » Nos troupeaux Mes-

» sieurs à qui vous venez d'enlever leur subsis-
» tance sans nous donner le temps d'y pourvoir,
» que deviendront-ils cette année?» La figure et l'accent de ce brave homme ont laissé sur notre esprit une impression durable. Je quittai le salon des cortès profondément convaincu que mon paysan en savait plus sur la matière que tous les brillans orateurs qui venaient de débiter de si éloquentes absurdités. J'ai toujours cru depuis que si l'assemblée avait pu entendre les raisonnemens pleins de sens du montagnard Léonais, elle n'aurait pas adopté la loi.

Il est avéré que les travaux des comités dans lesquels s'élaborent les projets de lois soumis au parlement anglais, et où rien ne se fait sans consulter le témoignage contradictoire des opinions et des intérêts opposés, sont d'une plus grande utilité pratique que les discussions qui ont lieu dans les deux chambres.

Dans les questions qui affectent les grands intérêts de l'Angleterre, les deux branches de la législature se forment en comité d'enquête, et font précéder les débats oratoires de l'examen et de l'épuration des faits dont la connaissance sert à former l'opinion du pays, règle constante des délibérations parlementaires.

Que les cortès donc, suivant un exemple si peu à dédaigner, instituent une grande et sollennelle enquête sur la dette publique de la nation. — Qu'elles chargent un comité composé d'hommes spéciaux, de l'examen et de la classification des titres, dont la responsabilité engagent le pays. — Que ce comité appelle devant lui les représentans des diverses catégories de créanciers. — Que ceux-ci fassent librement entendre leurs vœux, qu'ils énumèrent leurs griefs, qu'ils exposent leurs droits ?

Une fois qu'elle aura passé par ce baptême de publicité et de controle, la liquidation de la dette espagnole se purifiera du caractère d'intrigue, de faveur et de collusion, dont l'existence des plus détestables mœurs administratives qui soient au monde, a terni dans l'opinion nationale les opérations confiées aux agens de l'autorité. C'est aux travaux du comité d'enquête sur lesquels seront fixés les regards du pays, qu'il appartient seullement de fixer d'une manière irrévocable le chiffre de la dette publique. — Jusque-là les évaluations produites ne devront être considérées que comme des simples renseignemens.

L'état des ressources de la nation computé,

épuré, mis au jour par les soins de ce même comité, le public serait en possession des élémens de l'enquête, et les lumières qui en découleraient en modérant l'influence des idées systématiques, en corrigeant les erreurs engendrées par une analyse incomplète créeraient enfin une opinion digne de servir d'étoile et de guide aux délibérations des cortès.

L'enquête nous semble donc le seul moyen de conquérir d'une manière solide et durable, l'assentiment national aux grandes mesures législatives, qui régleront le sort définitif de la dette publique. — Ce moyen est d'ailleurs indispensable pour que les députés aient le temps de fixer leurs idées sur une question; pour laquelle ni eux ni le pays ne sont préparés.

Une considération de haute morale doit également engager les cortès à ne pas se prononcer pour un système non soumis à l'épreuve d'une longue discussion. — Si comme on doit s'y attendre, ce système était favorable à la généralité des créanciers, il serait à craindre que des spéculateurs avides, profitant de la malheureuse condition où sont réduits les créanciers régnicoles, ne s'empressassent d'acheter leurs titres au vil prix, où la dépréciation les a fait tomber.

En croyant soulager l'infortune des victimes de l'absolutisme, les députés n'auraient fait en réalité qu'enrichir les spéculateurs et les banquiers. —Les porteurs de la dette intérieure appartiennent en général aux classes pauvres. Ce sont des anciens rentiers que la banqueroute a réduits à la misère, des employés blanchis au service et à qui l'on doit plusieurs années de solde, des agriculteurs indigens ruinés par les fournitures et les exactions des précédentes guerres. —La plupart sont tout-à-fait étrangers aux notions du crédit, et hors d'état d'attendre l'amélioration que les mesures adoptées apporteront à leur situation. Le plus pressé pour eux est d'avoir du pain, et dès l'instant que le papier dont ils sont détenteurs, jouira d'une valeur négociable, ils s'empresseront de le vendre. Le pressentiment d'une semblable conséquence est une des principales raisons qui ont ébranlé notre conviction sur la convenance de payer en propriétés nationales, le principal de la dette. Il est aisé de prévoir, que ce système entraînerait immédiatement le déplacement du signe qui la représente. — Des mains des véritables créanciers de l'état, les titres passeraient dans celles des capitalistes. —Au moyen de la négociation de leurs créances, les premiers auraient volontairement et en fait consenti à être payés à un taux très inférieur, tandis que les riches seuls jouiraient du payement intégral effectué par la nation. — L'argent me paraît posséder déjà assez d'avantage et de supériorité dans le mode de notre organisation présente, sans que l'action de la législation tende encore à l'accroître. Voilà le motif qui nous a fait considérer comme un moindre mal, que le clergé demeurât détenteur de son patrimoine, plutôt que de voir ce même patrimoine tomber au détriment de la fortune publique, entre les mains de l'accumulation. Tant que le domaine ecclésiastique ne changera pas de nature, les droits de la communauté restent intacts. Affecté à l'amortissement de la dette, c'est s'en dépouiller au profit de classes qui déjà absorbent la plus grande part du patrimoine social, c'est ajouter à la puissance d'intérêts déjà démesurément dotés, et qu'il faut au contraire s'efforcer de ramener au niveau d'une commune mesure de richesse et d'avantages sociaux. Mieux vaudrait si le progrès de l'action révolutionnaire devait entraîner l'expropriation immédiate du clergé, vendre ses biens contre du numéraire et payer la dette en argent. — Cette opération devant cependant rencontrer dans la pratique des difficultés extrêmes à une époque de changement politique, une telle considération est de nature à faire donner la préférence au système qui assurerait le plus promptement un revenu fixe aux créanciers de l'intérieur. — Par ce moyen leur infortune se trouvera soulagée, ils ne seront plus pressés de se défaire à vil prix de leurs créances, ils seront mis à même de profiter des améliorations qu'éprouvera le crédit national.

CONCLUSION.

La nécessité où paraît se trouver le ministère espagnol de recourir à de nouveaux emprunts, ne manquera pas d'être représentée comme une considération qui s'oppose à l'établissement de l'enquête.

14

On témoignera la crainte de jeter l'alarme parmi les capitalistes étrangers, et d'aliéner ainsi les intérêts qu'on devrait se rendre propices afin d'en obtenir l'assistance dont le nouveau gouvernement a besoin pour se raffermir et triompher de ses ennemis.

S'il fallait sacrifier au désir de plaire aux banquiers étrangers, les hautes considérations économiques et morales qui recommandent l'enquête, on accepterait pour l'Espagne une situation qui nous paraît assez semblable à celle où se trouverait l'homme embarrassé qui pouvant arranger avantageusement ses affaires et tirer parti des ressources offertes par son riche patrimoine au moyen d'une liquidation honorable, en serait empêché parce qu'on viendrait lui dire : « Afin d'obtenir le peu d'argent » dont vous avez besoin pour vos dépenses cou- » rantes, il vous faut renoncer aux avantages » de votre liquidation, les usuriers qui vous » prêtent, ne voulant nullement entendre par- » ler de l'examen ni de l'apurement des anciens » comptes, mais bien vous faire accepter leurs » propres conditions pour le passé comme pour » le présent. » Le cas nous parait identique.

Un système de crédit imposé à l'Espagne par

la nécessité de se plier aux exigences de la haute banque , lui serait nécessairement funeste.

La meilleure théorie ne remédiera pas au mal. Pour être bonne, cette théorie a besoin de s'appuyer sur l'étude des faits, rien ne saurait y suppléer, et l'enquête nous paraît le seul moyen qui (eu égard à la situation) soit assez puissant pour évoquer les faits et mettre sur la voie des principes à suivre. — Y renoncer pour adopter un projet de loi ministériel, c'est déclarer l'infallibilité du pouvoir, c'est écarter l'intervention du pays, sacrifier à ce qui est passager et transitoire ce qui est définitif, stable et rassurant.

D'ailleurs si le besoin d'argent est la première loi de la situation où se trouve le ministère espagnol, et s'il n'en peut obtenir qu'en passant par où voudront les banquiers, l'enquête lui offre encore le moyen de se soustraire aux dures conditions qu'ils prétendraient lui imposer.

L'objet de cette mesure n'étant autre que la recherche du meilleur mode d'assurer le service des arrérages de la dette publique, d'une manière permanente et fixe, du moment qu'elle serait résolue, on devrait naturellement suspendre l'observation des règles du système exceptionnel fondé par le dernier gouvernement. — Ce système ainsi que nous l'avons démontré est un privilége, et comme tel, le respect du droit commun autorise son abolition. — Dès lors les 125 millions actuellement employés au service des arrérages de la dette étrangère de la restauration, restent provisoirement disponibles et peuvent être appliqués aux dépenses actuelles. — Craindrait-on par ce moyen de blesser les intérêts des créanciers étrangers? Comment cela aurait-il lieu?

En réalité rien ne serait changé à la position où maintenant se trouvent les porteurs de cortès, lesquels ne reçoivent point d'arrérages. — Pour eux l'enquête est une mesure favorable, comme étant la preuve de la volonté de faire cesser la suspension de payement dont ils sont victimes. — La véritable garantie de ces titulaires, et à ce sujet il n'est nullement nécessaire de chercher à les convaincre, se trouvera dans la consolidation du régime, qui s'était engagé à leur égard.

C'est donc sur les porteurs de rentes perpétuelles que porteraient en définitive les effets de la suspension. Elle ne devrait point les surprendre, car ils ne peuvent ignorer que c'est en vertu d'un privilége qu'ils étaient payés, au détriment de tous les créanciers de l'état. D'ailleurs pour eux comme pour les porteurs de cortès, cette suspension ne serait que provisoire. — Le résultat de l'enquête faisant cesser l'anxiété commune, ne tarderait pas à enfanter le remède à la situation générale.

La dotation de la caisse d'amortissement offre donc une ressource actuelle dont il vaut mieux faire usage que de recourir à de nouveaux emprunts, opération qu'en principe on devrait s'interdire tant que les bases du crédit national ne seront pas solidement établies.

Mais, même en supposant que retenu par d'honorables scrupules, le gouvernement se refusât à faire usage des fonds de la caisse d'amortissement, il ne devrait pas moins combiner les mesures qu'il sera appelé à prendre de manière à laisser intact le système général qui sera adopté touchant la dette publique.

Les besoins actuels du gouvernement sont nécessairement bornés. — Il ne peut s'agir que de quelques dizaines de millions pour assurer la solde et l'entretien de l'armée, donner au pouvoir les moyens de déjouer les complots carlistes, combler enfin le déficit que la guerre occasionne dans les recettes ordinaires; or dans la position qu'il occupe, le gouvernement doit trouver dans les simples négociations du trésor les moyens de subvenir à tout cela.

La simple émission des billets de l'échiquier est considérée en Angleterre comme une ressource suffisante à couvrir les besoins extraordinaires du service, sans recourir à des emprunts.

En inspirant une entière confiance au parti libéral, le ministère serait sûr derecevoir des classes riches dont il se compose, l'assistance qu'on hésite à prêter à un pouvoir qui semble craindre le développement de l'opinion dont il est issu.

Le traité de la quadruple alliance, a dû d'ailleurs relever le crédit politique et rendre la position matérielle du gouvernement assez ferme pour que les capitalistes le recherchent et lui offrent de l'argent à des conditions acceptables. — Cette présomption n'est rien moins que hasardée, car tout récemment encore le ministère a fait l'épreuve des favorables dispositions des banquiers à son égard (1).

(1) MM. de Rothschild frères, qui dans ces derniers temps se sont si-

Il serait donc facile de chercher dans des négociations partielles les ressources extraordinaires réclamées par les besoins du moment, sans pour cela compromettre le sort des mesures d'un caractère plus durable.

Les emprunts publics ne pourront être profitables à l'Espagne, jusqu'à ce que le retour de la confiance permette de les remplir en Espagne même. — De deux choses l'une, ou le gouvernement emprunte à l'étranger, parce que le pays est trop pauvre pour lui fournir les sommes qu'il demande, et dans ce cas le gouvernement tromperait sciemment ses prêteurs, car il leur offre une garantie illusoire ; — ou il emprunte au dehors, parce que les naturels du

gnalés par leur empressement à concourir au rétablissement du crédit de l'Espagne, étaient à peine entrés en rapport avec son gouvernement qu'ils ont libéralement tenu à sa disposition tous les capitaux qu'il a réclamés.

Ainsi indépendamment des fonds nécessaires au payement du dernier semestre de la rente perpétuelle à Paris, à Amsterdam et à Londres, auraient-ils encore fourni quatre milions destinés à l'armée de Rodil, et dix millions avancés pour le même objet au comte de Miraflores, ambassadeur d'Espagne à Londres. — Si nous sommes bien informés, en faisant ces avances, la maison Rothschild se trouvait entièrement à découvert; ce qui prouverait, quand on songe à la sagacité qui distingue les financiers qui la dirigent, combien la situation de l'Espagne paraît rassurante, puisque la haute banque consent à lui prêter avec autant de facilité.

pays refusent de lui confier leur argent, ce qui donnerait la mesure de la confiance qu'il inspire.

Sans doute l'Espagne a été appauvrie par l'effet des causes que nous avons signalées. — Mais elle sera toujours assez riche pour subvenir aux dépenses de son propre établissement, dès que la méfiance engendrée par le pouvoir aura fait place à des sentimens de sécurité et de confiance. Il y a en Espagne, cachés sous terre et condamnés à une déplorable inactivité, des capitaux qui rendus à la circulation seraient l'aliment le plus actif de la prospérité publique. — Quand un pouvoir répond aux besoins de la situation d'un peuple, les bourses ainsi que les cœurs lui sont toujours ouverts. La France sortant des bras de la terreur et des dilapidations du directoire, paraissait condamnée à la décadence, la paralysation des affaires était complète, les capitaux avaient disparu. — Mais à peine le gouvernement consulaire est-il établi, et paraît accepter la mission de défendre et de protéger les grands intérêts de la France, aussitôt la confiance revient, les affaires reprennent, le numéraire circule en abondance, le trésor se trouve bientôt en état de subvenir avec régularité aux besoins de l'État. Ce serait imiter la restauration dans ce qu'elle avait de plus mauvais que de continuer son système d'emprunts à l'étranger. — Mieux vaudrait prendre pour modèle la sévère économie qu'elle était parvenue à introduire dans les dépenses, réduites au niveau des recettes dans les dernières années de Ferdinand.

C'est une triste condition que celle du pays condamné à payer annuellement une cote fixe d'impôt au profit de l'étranger. — Que le prélèvement se fasse pour nourrir une armée d'occupation ou pour acquitter un tribut au profit des hommes de finances, le résultat n'est-il pas le même? — Plus on augmentera le chiffre des emprunts étrangers et conséquemment la masse d'arrérages à payer, plus forte sera la somme arrachée aux sueurs du peuple, pour être consommée hors du pays. — Nous ne reviendrons pas sur la théorie déjà émise, que le crédit public ne se fonde pas sur la confiance inspirée à l'étranger, mais bien sur celle dont l'État jouit à l'intérieur.—Que si l'on pense, et notre propre avis est acquis à cette opinion, que les capitaux étrangers sont appelés à jouer un grand rôle dans l'avenir économique de l'Espagne; — Nous observerons que ce n'est pas au moyen de placement sur les fonds publics qu'on arrivera à ce résultat. — C'est en s'associant au mouvement de l'industrie, en le provoquant, en secondant le travail par le concours de l'accumulation, que l'on pourra seulement l'atteindre. — Le ministère désire-t-il sincèrement favoriser la mise en commun des capitaux venus du dehors et des élémens de richesse qui existent au dedans, qu'il fasse cesser l'exclusion que des motifs religieux apportent à l'établissement des étrangers dans le pays, qu'il abolisse les entraves qu'un absurde tarif de douanes oppose à l'accroissement des exportations, et par conséquent à des retours favorables, surtout qu'il encourage par des dispositions protectrices les intérêts qu'il sent le besoin de se rattacher.

C'est par des mesures économiques, par des grandes lois d'organisation intérieure, qu'on parviendra à développer le travail, à aider l'esprit d'association à mettre en activité les ressources intérieures du pays. L'accroissement de produits qui en sera la suite rendra l'état riche de ses propres moyens; alors il pourra faire des emprunts, si mieux on n'aime établir des nouveaux et faciles impôts. Mais si au lieu d'attendre ces résultats, résultats qui sont nécessairement à la portée d'un gouvernement habile, on veut les escompter à l'avance et emprunter sur l'espérance de ce qu'on aura un jour, on jouera le rôle du prodigue qui mange son bien avant d'en avoir pris possession. Les bons gouvernemens ne grèvent jamais les peuples au delà de la limite de leurs ressources réelles. C'est déjà un acte de mauvaise administration que de n'être pas assez économes pour mesurer les dépenses aux revenus, où pas assez habiles pour porter les revenus au niveau des dépenses.

Les gouvernemens absolus épuisent les peuples par l'impôt et par la compresion des facultés humaines; les gouvernemens représentatifs feraient pis encore si pour dissimuler leur mauvaise gestion ils croyaient pouvoir user sans limite de la faculté d'emprunter.

En général les emprunts sont contraires aux saines doctrines de l'économie publique, et ne conviennent qu'aux nations riches et prospères. Pour être en rapport avec les conditions de la science, il faut que l'accumulation les soutienne. Là où l'accumulation n'existe pas ou est insuffisante, là manque nécessairement la base des emprunts.

Le gouvernement espagnol suivrait une fausse route s'il persistait dans un système dont les conditions lui sont refusées. Sa mission économique est de provoquer le travail, de mettre en action les élémens de la production, d'exciter et d'accroître cette même production par tous les moyens qui sont en son pouvoir.

Quand ils auront rendu le pays, riche, bien organisé, prospère, les hommes qui le gouvernent auront acquis le droit de disposer des biens qu'ils auront créés.

FIN.

TABLE DES MATIÈRES.

FIN DE LA TABLE DES MATIÈRES.

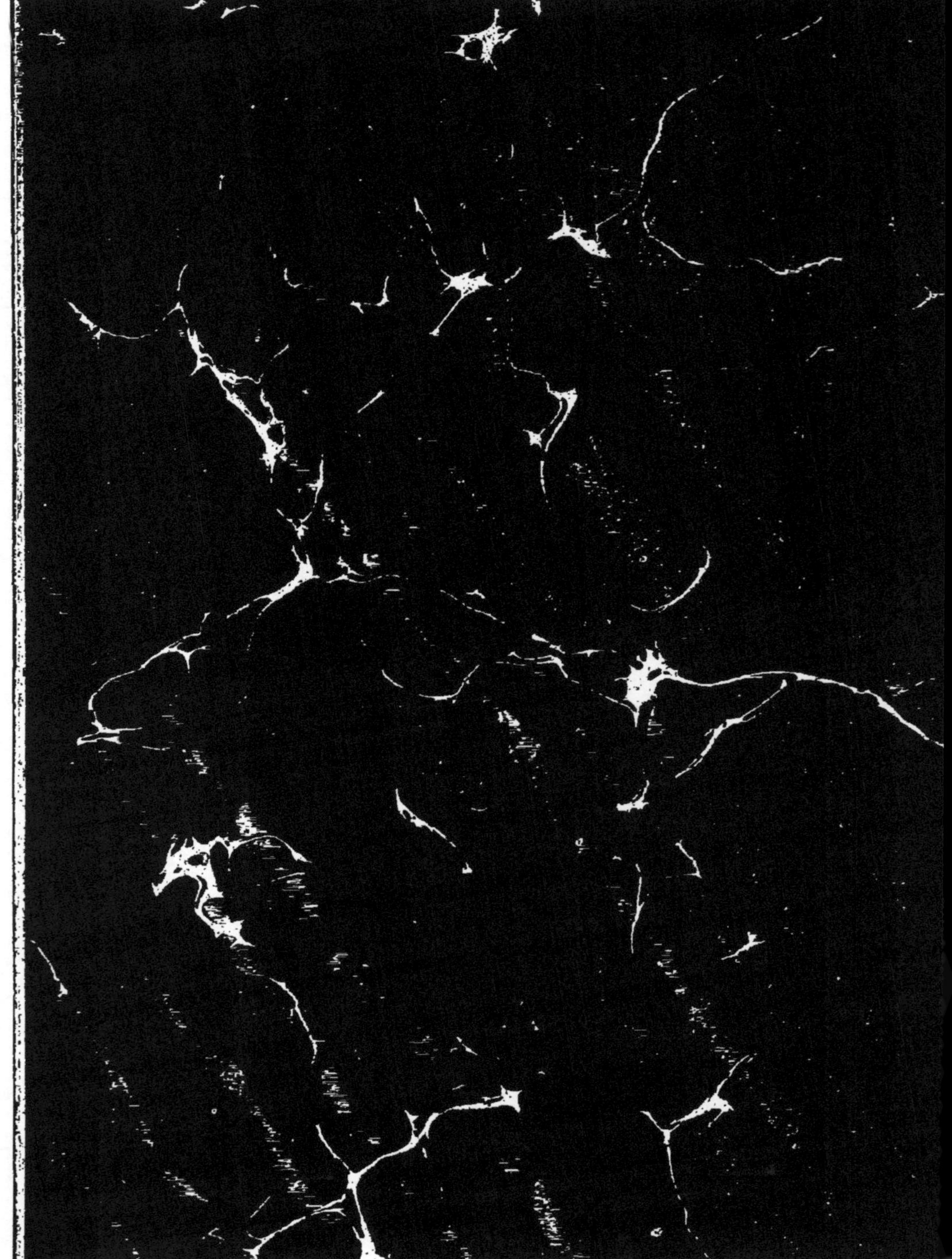